Mut zum Auswandern

Christel Förstl und Christine Höffken-Burgess

(Hrsg.)

Mut zum Auswandern

9 Wege nach Frankreich
mit Ratgeberteil

löwen-
stern
verlag

Bibliografische Information der Deutschen Nationalbibliothek
Die Deutsche Nationalbibliothek verzeichnet diese Publikation in der Deutschen Nationalbibliografie; detaillierte bibliografische Daten sind im Internet über http://dnb.d-nb.de abrufbar.

Umschlaggestaltung: Renate Wettach unter Verwendung der Fotos von Kati und Hubert Maassen sowie von Adobe-Stock.
Fotos: wenn nicht anders angegeben, stammen alle Fotos im Buchinnenteil von den Autor:innen des jeweiligen Kapitels.

ISBN 978-3-945542-75-0 (Print Softcover)
E-ISBN 978-3-945542-76-7 (ePUB)

Frankfurt am Main 2023, 1. Auflage
Druck und Bindung: BoD – Books on Demand, Norderstedt

Verlag, Redaktion, Herstellung, Design & Layout:
Renate Wettach, LöwenStern Verlag,
Weckerlinstr. 4, 65929 Frankfurt am Main, Deutschland
Telefon: +49 152 34332590
E-Mail: geschaeftsfuehrung@loewenstern-verlag.de
Umsatzsteuer-Identifikationsnummer gemäß
§27a Umsatzsteuergesetz: DE291558368
www.loewenstern-verlag.de

Weiterführende Tipps und Infos der Autor*innen dieses Buches findest du **GRATIS zum Download** unter:

https://www.loewenstern-verlag.de/auswandern

Inhaltsverzeichnis

Ratgeberteil

Anhang

Vorwort

Frankreich erfreut sich nach wie vor großer Beliebtheit bei uns Deutschen, sei es für Urlaube, sei es als neuer Lebensmittelpunkt. An Büchern über das Auswandern besteht eine große Nachfrage. Trotzdem bleibt nichts so spannend und abenteuerlich wie ein Umzug in ein fremdes Land. Sicher kann man viel vorbereiten, sich über die Formalitäten erkundigen und im Internet nach einem neuen Heim suchen. Wirklich wissen, wie es in unserem Zielland sein wird, können wir aber erst durch die eigene Erfahrung vor Ort.

Unser Buch will genau da weiterhelfen. Es gewährt Einblicke in das tägliche Leben und in die regionalen Unterschiede der verschiedenen Gegenden in Frankreich, die recht stark ausgeprägt sind. Ob Sie Frankreich einfach nur besser kennenlernen und verstehen möchten, oder ob Sie selbst den Wunsch haben, nach Frankreich auszuwandern, dieses Buch wird Ihnen viele wertvolle Tipps und Hinweise geben können. Im ersten Teil erfahren Sie Interessantes über die persönlichen Erfahrungen der Autoren und ihre neue Heimat. Ein Kapitel befasst sich mit dem Auswandern an sich und die damit verbundenen Hürden. Im letzten Teil geben wir Ihnen einen Ratgeber an die Hand, der die meisten der dringendsten Fragen zum Umzug beantwortet.

Ein Buch über das Auswandern und das Angekommensein zu schreiben, heißt aber auch, einen vielschichtigen Prozess zu verdeutlichen. Einen Prozess, der sich im Inneren, aber natürlich besonders im Gestalten der äußeren Lebensumstände abspielt. Diese inneren und äußeren Abläufe für Sie, geneigte Leser, mit Leichtigkeit und Freude aufzubereiten, war uns ein Anliegen und ein großes Vergnügen.

Wir, das sind neun Deutsche aus verschiedenen Regionen und Städten in Deutschland, die auch noch in unterschiedlichen Departements in Frankreich wohnen. Zusammengefunden haben wir uns, ganz im digitalen Zeitalter verhaftet, über soziale Netzwerke. Es war die Pandemie Covid-19 im Jahre 2020. In Frankreich gab es strenge Ausgangsbeschränkungen, fast kompletter Lockdown. Ausgang nur aus bestimmten Beweggründen, die in einer Ausgangsbescheinigung vorgegeben waren, und das auch zeitlich beschränkt, nur eine Stunde im Umkreis von einem Kilometer. Sich mit Personen außerhalb des eigenen Haushalts zu treffen, war streng verboten.

Wie viele entdeckten auch wir in dieser Zeit einige Gruppen in sozialen Netzwerken, die insbesondere für Deutsche, die in Frankreich leben, geeignet waren. Dies war eine gute Möglichkeit, aktuelle Fragen über das Prozedere im „confinement“ (Lockdown) auf Deutsch zu stellen. „Und warum immer nur schreiben“, dachte sich Christel, „durch ein Online-Treffen könnten wir uns direkt austauschen!“ Sie schlug die Idee Astrid N. vor – die Administratorin der sehr aktiven Facebook-Gruppe „Deutsche, die in Frankreich leben – Allemands résidant en France“. Die Reaktion war überwältigend.

So starteten wir im Oktober 2020 unseren ersten Online-Treff „Deutsche, die in Frankreich leben“. Aus verschiedenen Departements schalteten sich die Teilnehmer zu. Spannend oder auch lustig war es, aus welchen Gründen sie nach Frankreich ausgewandert waren und warum gerade in „ihre“ Gegend Frankreichs. Auch war es einfach schön, mal wieder zu plaudern, wie einem der Schnabel gewachsen ist. Manchmal erkannte man schon am Dialekt, aus welcher Region Deutschlands der/die jeweilige Redner/in stammte.

Nach der ersten Kennenlernphase wollten wir natürlich mehr über die jeweiligen Regionen erfahren, in denen wir nun leben. So konnten wir reisen, ohne die Koffer zu packen. Viele aus unserer Gruppe stellten ihre jeweilige neue Heimat mit viel Liebe und interessanten Informationen vor. So lernten wir immer mehr von Frankreich, aber auch einander näher kennen. Es entstand viel Vertrautheit, und wir wuchsen immer mehr zusammen.

Dieses Buch ist die logische Konsequenz und Quintessenz dieser Treffen. Die Idee hierzu entstand bei einem gemeinsamen Frühstück am 22.02.2022 von Christel und Christine (Tina): Alle diese herrlichen Geschichten und Anekdoten in einem gemeinsamen Buch festzuhalten und Sie, liebe Leser, daran teilhaben zu lassen.

Wir wünschen Ihnen viel Spaß bei der Lektüre!

Herausgeber Christine Höffken-Burgess und Christel Förstl
Im August 2022

Kati und Hubert Maassen

Seit 1993 im Département Var (83)
Seit 2000 im Département Alpes-Maritimes (06)

Der Schulatlas und die Provence

München, im August 1989

In der Reihenhaus-Siedlung beleben sich spätnachmittags die heimkehrenden Urlauber und machen aus ihren Mini-Gärten richtig bayrische Biergärten mit allem, was dazugehört!

Kati aus Wien, Hubert aus Köln und die kleine Maria, soeben ein Jahr alt geworden, fragen sich: „Warst Du schon einmal in der Provence?" „Nein." „Komm, lass uns losfahren!"

Gesagt, getan! Koffer packen, Kind in den Kindersitz, Straßenkarten, Ausweise, Devisen und Kreditkarten nicht vergessen, und los geht's im bequemen Auto mit Klimaanlage. Verliebt und voller Abenteuerlust führt uns der Weg zunächst quer durch die Schweiz, bis zu einer Etappe nach Uriage-les-Bains in der Nähe von Grenoble.

Wir bummeln weiter zu den fantastischen Gorges du Verdon (Verdon-Schlucht) mit ihren tiefen Schluchten und smaragd-grün-türkisen Gewässern nach Draguignan, vorbei an leuchtenden Lavendelfeldern, Hügeln mit weitläufigen Weingärten, bunten Märkten mit mildem Knoblauchgeruch und anderen guten Düften, malerischen Dörfern und blühenden Gärten, mit alten Einheimischen auf ihren Stühlen vor der Haustüre. Voilà, la Provence wie aus dem Bilderbuch!

Draguignan, im Hinterland von Saint-Tropez im Departement Var gelegen, entdecken wir als alte Garnisonsstadt der französischen Artillerie, mit einer durchwachsenen Architektur aus prachtvollen Herrschaftshäusern der

Vorkriegszeit und banalen Nachkriegsbauten, die die Lücken der enormen Kriegsschäden ausfüllen. Nach ausgiebigen kulinarischen Streifzügen stellt sich nun die Frage: „Wollen wir unserem Kind auch das Meer zeigen?“ „Wir sind ja nicht so weit davon weg, fahren wir also bis zur Küste, dann sehen wir weiter!“

Hochsommer, Sonne, Hitze, und bei Annäherung an Saint-Tropez die ersten Staus und Erschöpfung. Trotz Hochsaison an der Côte d'Azur haben wir Glück! Das Tourist-Office findet ein letztes freies Zimmer für uns, für eine Nacht! Direkt an der Küste, etwa 22 Kilometer westlich von St.-Tropez, in einem provenzalischen Mas (freistehendes bäuerliches Anwesen im Süden Frankreichs, hier zu einem Hotel-Gasthof umgebaut) mit knarrenden Türen, Toilette („petit coin“ genannt) auf dem Gang, kleinen Betten (140 x 190 cm) mit durchgelegenen Matratzen und Bettlaken mit kratzenden Wolldecken darüber, aber dafür Halbpension mit einheimischer Küche (von „mélon de Cavaillon“ über „soupe de poisson“ bis „ratatouille“ usw.) Wir sind sehr zufrieden!

Ein kurzer Fußweg führt uns zu einem paradiesischen Strand unter Olivenbäumen, Zypressen und Korkeichen, begleitet von einem durchdringenden Zikaden-Konzert („cigales“, die ab etwa 22° C laut zirpen und Weibchen anlocken wollen, aber selten sichtbar sind. Gedruckt findet man sie häufig auf Stoffmustern und als Keramikschmuck an Hauseingängen).

Wen wundert's, dass uns die eine Übernachtung nicht genügt! Mit häufigen Zimmerwechseln schaffen wir es schließlich, unseren Aufenthalt auf 14 Tage zu verlängern, und unser Krabbelkind lernt inzwischen Gehen! „Heute ist nicht alle Tage, wir kommen wieder, keine Frage!“

Der Ort und seine Umgebung, der Empfang, das gute Essen, das Klima und die Atmosphäre haben uns eingenommen. Künftig kommen wir zweimal im Jahr wieder, um unsere Eindrücke und Bekanntschaften zu vertiefen. Das „savoir vivre“ im Süden Frankreichs, diese Kunst des gemächlichen, entspannten Lebensstils, kennt auch das richtige Verhältnis zwischen Arbeit und Erholungspausen.

Nach dieser ersten Feinschmeckerreise zurück in München, ausgestattet mit provenzalischen Stoffen (siehe www.bonne-provence.de über die Geschichte der Provence-Stoffe) und vollen Weinkisten aus dem Rhonetal, träumen wir von „unserer" Provence und realisieren am Stadtrand ein – im Innenleben – provenzalisches Landhaus. Dennoch nähren viele kleine Begebenheiten unseren Überdruss, in Deutschland bleiben zu wollen, und fördern den Wunsch nach einem Aufbruch in eine andere Welt. Haus und Garten sind vollständig fertig mit unseren Kreationen, es gibt nichts mehr zu tun, und wir wollen wieder etwas Neues schaffen.

Ausschlaggebend ist die Anmeldung zur Einschulung unserer inzwischen fünfjährigen Tochter, da sie erst mit 7 Jahren in die erste Klasse gehen könnte. Trotz eines sehr verlockenden beruflichen Angebots auf den Bahamas, wählen wir lieber ein europäisches Land, immer in dem Gedanken, dort zu leben, wo wir alle Ausländer sind. „Gut! Wohin?"

Ein alter Schulatlas hilft uns bei der Wahl. Jeder von uns tippt mit einem Bleistift – ohne hinzuschauen – auf die Europakarte. „Italien, Italien!" 1993, oh! no, grazie! Die Bleistiftspitze wandert ein Stück weiter nach Westen, und wir rufen gleichzeitig: „Wir verkaufen alles und ziehen in unseren Urlaubsort!"

Unsere Begeisterung lässt sich auch nicht von den vielen Fragen bremsen, die nun auftauchen: Sprache, Wohnung, Schule, Firmen in München, Aufenthaltserlaubnis für Kati – Österreich ist ja nicht in der EG (siehe Wikipedia/europäische Gemeinschaft) – Umzug, Bankgeschäfte und, und, und ... Mit: „Wir wollen, dass jetzt die schönste Zeit unseres Lebens beginnt!", schieben wir alle Fragen beiseite, und die Leichtigkeit des Seins hat uns wieder. Auf jede Frage wird es auch eine Antwort geben!

Le Rayol-Canadel im September 1993

Unser provenzalisches Landhaus in München ist verkauft, das Firmenbüro bleibt bestehen. Nur das Künstler-Atelier und ein neues Familienmitglied

(Deutsche Dogge, wohlerzogen, 2 ½ Jahre alt) kommen mit an die Côte des Îles d'Or. Die ersten Wochen verbringen wir in einem Ferienapartment innerhalb einer Residenz, in der auch Einheimische ganzjährig wohnen. Auf die Frage an die Eigentümer, wo bitte die nächste Schule sei, schauen uns große, staunende, braune Augen an: „Simone...." (Pause) „... Simone", und sie legt ihre eben angerauchte Gitanes zur Seite! Ein Gefühl von Seelenverwandtschaft, Abenteuerlust und Verbundenheit ist sofort spürbar und erleichtert in der Folge unsere ersten Schritte in den neuen Lebensabschnitt.

Die sofortige Aufnahme ins „Comité des Fêtes" (Festkomitee, in dem wir uns als ehrenamtliche Helfer nützlich machen) sowie die Schulkameradschaft zwischen unseren Kindern ermöglichen uns eine rasche Integration in das Dorfleben.

"Viengg, viengg, on va aux Îles!" („komm, komm, wir fahren auf die Inseln!) ruft Simones dynamischer Ehemann mit seinem starken Marseillaise-Akzent Hubert zu und lädt ihn auf sein Pointu ein (traditionelles mediterranes Fischerboot). Frauen, Kinder und Hund fahren mit der Navette (Fähre) von Le Lavandou bequem und sicher nach Porquerolles, während die Männer sich bei Windstärke 8 mit dem Fischerboot durch die hohen Wellen kämpfen und über und über salzverkrustet, vergnügt und gesund und munter im kleinen Hafen anlegen. Porquerolles ist eine der „Îles d'Or", die etwa 15 km vor der Küste liegen und unter strengem Naturschutz stehen. Sie gehören zu den ursprünglichsten Regionen der Provence.

Während wir dabei sind, unsere Mietfahrräder zu übernehmen, radeln die Kinder bereits den Berg in Richtung Meer hinunter. Die blonden Zöpfe von Maria flattern wild im Fahrtwind, und plötzlich erfassen wir, dass ihr Fahrrad nicht die aus Deutschland gewohnte Rücktrittbremse, sondern lediglich eine Handbremse hat! Immer schneller rast sie ungebremst auf die Kaimauer zu. Wir rennen los, bremsen aber abrupt ab, weil wir sehen, wie sie seelenruhig, beinahe elegant den Lenker nach links schwenkt und fröhlich weiterradelt! Unseren Zustand wollen wir jetzt nicht näher beschreiben! Beim Radeln durch die herrliche Natur beruhigen wir uns und genießen die ausgedehnten Pinienwälder.

Was glaubt Ihr, liebe Leser, wer es sich inzwischen auf unserem Bett im Hotelzimmer gemütlich gemacht hat? Ein kleiner gelber Skorpion, der von unserer deutschen Dogge aufmerksam bewacht wird! Wir bevorzugen aber zum Abendessen Bagna Cauda, unser erstes Festessen mit den neuen Freunden. Rohes und gekochtes Gemüse werden in eine Sauce aus Olivenöl mit Knoblauch und Sardellen gedippt. Ein eisgekühlter, junger provenzalischer Roséwein rundet diesen Genuss perfekt ab.

Zuvor trinken wir Pastis, eine Spirituose aus Anis-Kräuterschnaps, welche mit Wasser und Eiswürfeln verdünnt wird. Dazu naschen wir gerne Oliven – entweder die kleinen schwarzen Cailletier aus Nizza oder die grünen Picholine aus anderen Regionen der Provence – und Pissaladière, eine Art Zwiebelpizza, die es je nach Familie in sehr unterschiedlichen Rezepten gibt (z. B. auch als Sardellenkuchen). Insbesondere durch diese Aperitif-Kultur kommen wir flott und mit viel Heiterkeit nicht nur dem Erlernen der Sprache, sondern auch den Einheimischen näher.

Außer den üblichen Unterhaltungen – über Haustiere, Politik, Kinder und Wetter – interessieren uns natürlich auch wesentliche Fragen über den beruflichen und privaten Alltag und die Möglichkeiten, die uns offenstehen:

- Was machen die Leute hier im Winter?
- Welche Berufe werden ausgeübt und welche werden gebraucht?
- Ist es möglich, hier als Künstler zu leben?
  (zur Erinnerung: 1993 gibt es noch keine Smartphones, und das Internet ist noch nicht öffentlich)

So erfahren wir, dass es hauptsächlich Handwerker, Gärtner, öffentlich Bedienstete und sehr wenige im Winter geöffnete Restaurant-Betriebe gibt, sowie einige Privilegierte wie Rentner, Erben oder wohlhabende Künstler. Es gibt immerhin einen Arzt und eine Apotheke im Dorf.

Hubert fährt regelmäßig nach München ins Büro und lässt seine Mädels und den Hund in der Obhut von Simone. Diese Reisen sind verbunden mit Grenzkontrollen, Geldwechsel und Einkäufen so manch‘ gewohnter deutscher Lebensmittel für unser Kind. Der Ehemann von Simone reist ebenfalls regelmäßig in den Nord-Osten Frankreichs zur Arbeit. Da der Winter im Anmarsch ist, begeben wir uns zunächst aber auf die Suche nach einer ganzjährigen Bleibe. Auch in dieser Touristengegend wird kaum langfristig vermietet, also entscheiden wir uns für einen Hauskauf. Simone begleitet uns liebend gerne bei unseren abenteuerlichen Besichtigungen der entsetzlich langweiligen und klassischen Sommerferienhäuser, die oft ungepflegt und vernachlässigt sind. Im Sommer kann das durchaus seinen Charme haben, wie Badeschlappen am Strand. Im Winter jedoch sind solche Häuser auf Grund der Feuchtigkeit, mangelnder Isolierung und unzureichender Heizung – z. B. mit offenen Kaminen und kleinen Elektro-Radiatoren in allen Zimmern – nicht gesundheitsförderlich und schlecht fürs Portemonnaie. Die meisten Häuser, die zum Verkauf stehen, datieren ungefähr aus den Jahren 1950–1970.

Auf einem dichtbewaldeten und steilen Hügel (Col du Canadel) steht eine einsame Ruine mit traumhaftem Blick über die Küste und die vorgelagerten Inseln. Dieses Objekt interessiert uns sehr. Wir bekommen ein RDV (rendez-vous, in diesem Fall: einen Termin) beim Bürgermeister, Monsieur Gola, der schon 50 Jahre im Amt ist und sich noch an viele Geschichten aus dem Ort und der Gegend erinnert (z. B., dass Jacques Chirac hier seine Kindheit verbracht hat!). Er ist bereit, uns eine Baugenehmigung für den Wiederaufbau der Ruine zu erteilen, allerdings ohne jegliche Veränderung oder gar Erweiterung des ursprünglichen Gebäudes, welches durch einen großen Waldbrand im Jahre 1990 zerstört worden war. Der Grundriss ist uns letztlich doch zu klein, um daraus ein Projekt machen zu können. Mittlerweile liegt die Ruine in einem Naturschutzgebiet und ist wegen der extremen Waldbrandgefahr nicht mehr rekonstruierbar.

Nach vielen weiteren Hausbesichtigungen, von denen kaum eine Handvoll in die nähere Auswahl kommt, begegnet uns endlich die „Villa Kunterbunt". Ein majestätisches Herrschaftshaus mit 70 cm dicken Trockensteinmauern aus dem Jahr 1925! Es ist ein Glücksfall, da solche Villen meist über Generationen in den Familien bleiben (Hinweis: zur Vermeidung steuerlicher und anderer Nachteile – Erbschaftssteuer, Lebensversicherung u.ä – sollten

Besitztümer vor Vollendung des 71. Lebensjahres durch Verkauf oder Schenkung übertragen werden. In unserem Fall muss der Eigentümer vor seinem 71. Geburtstag verkaufen, um den Erlös noch in eine Lebensversicherung einzahlen zu können). Der Eigentümer steht unmittelbar vor dieser Entscheidung und ist im Zugzwang. Bei unserer ersten Besichtigung verfolgt uns der strenge Blick einer alten Dame auf einem großen Gemälde in der Eingangshalle auf Schritt und Tritt. Mit ausgewählten Manieren und ähnlichem Blick wie die Dame auf dem Gemälde prüft uns der noble Pariser auf Herz und Nieren, ob wir seines Hauses würdig seien. Nach Zusicherung des Kaufpreises und der Entdeckung gemeinsamer Hobbys der Herren werden wir schließlich als würdig befunden, den herrschaftlichen Besitz zu übernehmen – und das, nachdem Hubert erst seit 5 Monaten sein Latein in Französisch verwandelt.

Staunend beobachten wir auch die Lernfortschritte unserer Tochter in Französisch. Nach nur drei Monaten kann sie sich fließend mit ihren Schulkollegen austauschen. Manchmal wird sie „l'arabe blondinette" genannt – Kindermund! – weil sie ja doch etwas anders aussieht mit ihren hellblonden, fast weißen Haaren. Das hat es wohl vorher noch nicht gegeben im 700-Seelen-Dorf. Die Grundschule besteht aus einem Gebäude mit fantastischem Meerblick und drei Klassenräumen. Maria geht zunächst drei Monate in ein Klassenzimmer mit 3-5-jährigen, danach in eine gemischte Klasse von etwa 6-8-jährigen Schülern. Im dritten Klassenzimmer werden etwa 9-11-jährige Kinder unterrichtet. Für uns sind zunächst die Schulzeiten verwirrend, insbesondere der schulfreie Mittwoch. Man startet fröhlich und dynamisch in die Woche, und bevor man sich's versieht, gibt es einen Tag Pause! Am Dienstagabend lässt man sich treiben, da ja am nächsten Tag keine Schule ist. An diesem jedoch werden freiwillig und außerschulisch Sport, Religion und Musik im nächsten größeren Ort angeboten und praktiziert. Das macht aus vielen Eltern Privattaxifahrer mit Gemeinschaftstransporten und gibt uns eine weitere Gelegenheit, Dorfbewohner kennenzulernen.

Bei Verabschiedungen hören wir oft „à un de ces quatre", wenn man sich nicht morgen („à demain") wiedersieht, und angeblich kommt dies daher, dass früher donnerstags statt mittwochs schulfrei war.

Die Schulkantine empfinden wir alle als sehr stressig. Lärm und ein dreigängiges Menü zu Mittag aufessen zu müssen, entsprechen uns gar nicht. Deshalb holen wir Maria sehr gerne mittags ab und verbringen lieber eine gemeinsame Zeit in Ruhe mit Picknick am Strand oder zu Hause.

Für den Schulbeginn im September (la rentrée scolaire) erhalten Eltern im August eine ARS „allocation de rentrée scolaire" (Zuschuss zu den Kosten des Schulbeginns), der je nach Alter der Kinder und der Einkommenssituation der Eltern bis zu 400 € pro Kind (Jahr 2022) beträgt. Hiermit wird das gesamte Schulmaterial jedes Jahr neu gekauft. Auffällig ist, dass auch kleine Kinder in Südfrankreich recht spät abends zu Bett gebracht werden. Nach Schulschluss um 17 Uhr gibt es „le goûter", eine kleine Jause mit Süßigkeiten. Spielen, Hausaufgaben und/oder Sportverein, „Apéro" der Eltern, spätes Abendessen und anschließend noch in die Badewanne, ziehen den Abend verständlicherweise in die Länge. Für unsere Tochter, die zwölf Stunden Schlaf braucht, ist dies eine gewaltige Umstellung und für uns ein Jonglieren mit den örtlichen Sitten und eigenen Gewohnheiten und Bedürfnissen im Hinblick auf unsere Integration in das Gesellschaftsleben. Immerhin gehen wir schon angepasst mit kariertem Hemd und Jogginghose in die Öffentlichkeit. Apropos gehen: Mangels Fuß- oder Fahrradwege sind auch wir viel mit dem Auto unterwegs, alles andere ist noch gefährlicher.

Wir erkennen Dorfbewohner an ihren Autos, so wie sie uns, und gelegentlich hält man auch mitten auf der Straße an – „ça va biengg?" (wie geht's?) und plaudert ein paar Minuten. Vielleicht ist deshalb eines der häufigsten Verkehrsschilder in Frankreich „Rappel" (heißt aber eigentlich Fortsetzung, Erinnerung, Wiederholung und nicht wie im Deutschen der plötzliche Anfall oder die verrückte Laune etc.).

Unser erster Winter (1993/1994) ist verblüffend warm; die Kinder gehen im November noch im Meer schwimmen; uns fehlt der Nikolaus, und die für uns typische Adventszeit mit Basteln und Keksebacken – hier völlig unbekannt – ist bei diesen Temperaturen eher verwirrend. Zur Aufrechterhaltung unserer Tradition basteln wir einen Adventskranz aus Mimosazweigen. Zu Weihnachten entdecken wir einige andere Traditionen, wie z. B. die „Crèche vivante avec pastorale“ (lebende Krippe mit traditionellem Umzug), das Weihnachtsessen mit einem leeren Gedeck für einen eventuell vorbeikommenden Gast, die „treize desserts de Noël“ (12 für die Apostel und 1 für den Christus – ein traditioneller provenzalischer Nachtisch bestehend aus getrockneten Früchten, Nougat de Provence, Mandeln, Nüssen und Haselnüssen, Melonen, Orangen oder Mandarinen, Datteln und einem Ölkuchen mit Orangenblütenwasser genannt „pompe à l'huile“. Die Zusammenstellung variiert je nach Gegend der Provence) und „la bûche de Noël“, die ursprünglich ein im Frühjahr geschlagenes Holzscheit war, das zu Weihnachten mindestens drei Tage lang den offenen Kamin befeuerte. Heute ist daraus ein Dessert geworden, eine Biskuit-Buttercreme-Rolle in Form eines Holzscheites und vielen anderen Variationen, bis hin zur Bûche aus Eis. Nicht vergessen wollen wir die für Nizza typische und köstliche „tourte aux blettes“ (eine süße Mangold-Torte mit Pinienkernen). Besondere Erwähnung verdient die Krippenkunst der Provence mit den kleinen Lehmfiguren („Santons“), die in fast allen Haushalten, Dorfplätzen und Kirchen wie richtige Dörfer mit Einwohnern, Tieren und dem Dorfleben gestaltet werden.

Ein Jahr später zur selben Zeit, mitten im Dezember, klingelt es an der Pforte unseres neuen Zuhauses. Kati hüpft, ohne jemanden zu erwarten, zum Gartentor und schaut verwundert, aber lächelnd, auf einen Weihnachtsmann. Er fragt in gebrochenem Französisch, ob Maria zuhause sei – er hätte ihr etwas mitgebracht – und hält ihr einen echten kleinen Tannenbaum entgegen.

Vertrauensvoll lässt Kati diesen Mann eintreten, bittet ihn ins Haus und ruft Maria. Schüchtern und staunend, mit erröteten Wangen hört sie den Weihnachtsmann sagen: „Isch abö geört, du bist ein braves Kind und des'alb abö isch dir etwas mitgebracht !“ Nach einer Weile platzt unser Kind beinahe, schaut Kati an und ruft „oh-oh-Opa?!“. Es ist tatsächlich der aus Wien angereiste Großvater, der eine kleine steirische Tanne überbringt. Jetzt haben wir endlich unseren Nikolaus und Weihnachtsmann auf einmal.

Die Gartenarbeit rund um die Villa Kunterbunt gestaltet sich komplett anders als die im Ziergarten in München. Der Park fällt in Richtung Meer leicht ab und ist von schmalen Wegen unter Korkeichen, Erdbeerbäumen, Zedern, Zypressen und seltenen Mimosabäumen durchzogen, die von Rosmarinhecken gesäumt zu einer Promenade einladen. Zu unserer Freude finden wir auch Zitronen-, Mandarinen- und Bitterorangenbäume vor, sowie mannshohe Bruyère-Sträucher, aus deren Wurzeln in Cogolin, in der Nähe von Saint-Tropez, Raucherpfeifen hergestellt werden. Der Gärtner scheint vor langer Zeit in Rente gegangen zu sein, und die Natur hat seitdem ihre Lust auf Wachstum unter Beweis gestellt. Das Ergebnis ist ein Urwald, der jeglichen Blick auf das doch so nahe Meer verhindert. Selbst vom höher gelegenen Haus aus kann man sich lediglich am stetigen Geräusch der Wellen erfreuen.

Die Kettensäge tritt in Aktion und die meisten Baumkronen verwandeln sich in für den Winter nützliche Holzstapel. Hierbei lernen wir sehr schnell, dass die in südlichen Gefilden obligatorische Siesta von 12 bis 16 Uhr durchaus Sinn macht! Nicht verwertbare Abfälle dürfen wir im Garten verbrennen, außer im Hochsommer und bei Mistral (ein starker Nordwind aus dem Rhonetal), versteht sich. Aus der bis zu 10 cm dicken Rinde der Korkeichen, die alle 6-8 Jahre geschält werden, produziert man Flaschenkorken oder Präsentierteller für Bouillabaisse, Gemüse oder Früchte in Restaurants. Wir bestaunen und studieren die für uns neue Vegetation – mit häufigen Besuchen in der Domaine du Rayol, ein wirklich sehenswerter botanischer Garten, und kochen sogar Konfitüre aus den Früchten des Erdbeerbaumes (arbousier).

Die gelbe Mimosablüte im Januar und Februar ist überwältigend – nicht nur die Bäume in der freien Natur, sondern auch in Form von traditionellen Blumenkorsos und Trachtenumzügen, speziell im Ort Bormes-les-Mimosas und weiter östlich Richtung Nizza, wo das gesamte Tannerongebirge betörend nach Honig duftet. Die Villa enthüllt bei eingehenderer Besichtigung nach und nach untrügliche Zeichen ihres Alters: Der gesamte Boden des Hauses ist mit traditionellen roten „tomettes“ ausgelegt (sechseckige Terracotta-Fliesen in Handtellergröße aus Salernes, wo es heute ein Terrarossa-Museum gibt. Im Südosten Frankreichs wird in gleicher Form nach dem Vorbild der Tomettes ein gleichnamiger Käse hergestellt). Wir beschränken uns hier auf die bemerkenswertesten Altertümer wie textil umwickelte Elektroleitungen rund um die gusseiserne Badewanne, Blei- und Eisenrohre als Kanalisation, Kohleheizung im Keller und gusseiserne Heizkörper in allen Wohnräumen, Lichtschalter, Fenster- und Türgriffe, 1-fach verglaste Landhausfenster aus der Zeit zu Beginn des 20. Jahrhunderts und Propangasflaschen unter der Kochstelle. Sehr erfreulich ist die Entdeckung einer riesigen Regenwasserzisterne unter der überdachten Terrasse entlang des gesamten Wohnzimmers, die von den Dachrinnen gespeist wird.

Die Anordnung und Geräumigkeit der Küche mit drei außenliegenden Kräuterterrassen sowie ein „chambre de bonne“ (Hausmädchenzimmer) im Keller lassen darauf schließen, dass es hier „fées du logis“ (Bedienstete) gab. Wir wollen einige der veralteten Installationen modernisieren und stellen bei den Terminvereinbarungen mit Innenarchitekten und Handwerkern fest, dass man neben Uhrzeit, Tag und Monat nicht das Jahr des gewünschten Termins vergessen darf. Wir geben das Warten auf und packen alles selbst an. Dabei lernen wir: Fliesen legen, Elektro- und Sanitärinstallationen, Maurer-, Maler- und Anstreicherarbeiten, Glaserei, Gärtnern und vieles mehr. Uns kommt ein befreundetes deutsch-österreichisches Paar zu Hilfe, deren kleine Tochter ebenfalls die Dorfschule besucht. Wir sind erstaunt, dass weder Kind noch Eltern nach einem Jahr Aufenthalt in Frankreich fast kein Französisch gelernt haben. Nach all diesen Erfahrungen bieten wir nun unserem Umfeld nützliche Dienste an, wie z. B. modernste Gartenbewässerungen, Sanitärinstallationen und Wasseraufbereitungsanlagen, aber auch Deutsch- und Klavierunterricht an der Dorfschule, Babysitting, Übersetzungen, Conciergerie-Dienste und Zimmervermietungen. Für unser Künstleratelier (Schmuckentwürfe, Haute-Couture-Kreationen und Seidenmalerei) bleibt nun keine Zeit mehr. Jedoch zieht Huberts Klavierflügel Komponisten, Musiker, Schüler, Sänger, Tänzer, bis hin zu Musikergruppen im Stil von Django Reinhard und anderen in die Villa Kunterbunt. Mit den Gästen aus dem Dorf singen wir oft und gerne die Provenzalische Hymne, wie auch bei der folgenden Geschichte:

Die Einheimischen stellen uns oft Fragen über Deutschland und die sprichwörtliche Disziplin und Pünktlichkeit der Deutschen, oft mit der Bemerkung: „Ah, la Grande Allemagne“ (das große Deutschland). Wir denken, dass auch bei den jüngeren Generationen die beiden Weltkriege nachwirken, insbesondere deshalb, weil jedes Jahr an den Tagen des Kriegsendes (11. November 1918 armistice – Waffenstillstand, 8. Mai 1945 victoire – Kapitulation und 15. August 1944 débarquement – Befreiung der Provence; an diesen ersten Landepunkt vom 4. August 1944, der unmittelbar vor unserem Grundstück liegt, wird mit einer „Stele des Commandos d'Afrique“ erinnert) in den meisten Orten an der Küste Gedenkfeiern mit den Kriegsveteranen stattfinden und so die Erinnerungen lange aufrechterhalten werden. Einer unserer Freunde besitzt sogar eine Sammlung von Kriegsfahrzeugen und anderen Militaria bis hin zur Krankenschwester-Bekleidung, die zu diesen Anlässen regelmäßig öffentlich vorgeführt wird. Es gibt auch berührende Begegnungen an diesen Tagen. An der Gedenkstätte vis-a-vis unseres Hauses wird der Verkehr beidseitig angehalten, und unsere Tochter zieht uns neugierig aus dem Grundstück, pflückt Blumen am Straßenrand und legt sie zu den Kränzen vor den reich dekorierten Veteranen, die ernst in Reih' und Glied stehen. Als die Gruppe um den Bürgermeister die „Hymne Provençale“ (das provenzalische Nationallied „coupo santo) anstimmt, das kleine blonde Mädchen laut und mutig mit einstimmt und wir uns dazugesellen, ist die Rührung der sehr alten Herren enorm. Uns werden die Hände geschüttelt und ein Veteran sagt mit Tränen in den Augen: „Ich hätte niemals geglaubt, jemals einem Deutschen die Hand zu schütteln!“ Unsere neuen Freunde erkennen, dass wir wohl nicht in die verbreiteten Klischees passen, und ziehen es vor, mit uns weiterhin fröhliche Feste zu feiern.

Ein deutscher Architekt ist mit Freunden zu Besuch und benutzt die noch nicht renovierte Gästetoilette. Aufgeregt und lachend stürmt er auf uns zu und meint: „Dat jibt es nich, so ein kleines Handwaschbecken über dem WC hab ich noch nie gesehen! Das ist ja unglaublich!“ Während eine professionelle Pianistin hochkonzentriert ein schwieriges Klavierkonzert beginnt, beeilen sich unsere Gäste auf die Terrasse, um ein grandioses Gewitter-Spektakel in der Ferne über den vorgelagerten Inseln zu bestaunen. Das perfekte Zusammenspiel von Natur und Kunst ! Ein plötzlich aufkommender Sturm peitscht Regen horizontal über die überdachte Terrasse, und in kürzester Zeit steht das Wohnzimmer unter Wasser. Eimer, Aufwischtücher, Schrubber – alle Gäste helfen mit, der Wassermassen Herr zu werden und sinken nach dem Gewitter und getaner Arbeit, in Decken gehüllt, erschöpft und beeindruckt nieder. Die Pianistin beendet mit einem virtuosen Finale das Konzert, wendet sich uns zu und fragt: „Hat es euch gefallen?"

Acht Jahre sind nun schon vergangen und wiederum sind Schule und Bildungsweg dafür ausschlaggebend, dass wir weiterziehen. 130 Kilometer östlich unseres Wohnorts im Departement Var ziehen wir in die Nähe der neuen Schule unserer Tochter in die Alpes-Maritimes (Seealpen). Der Umzug vom ländlichen Paradies in ein pulsierendes Leben der Großstadt Nizza und Umgebung ist verständlicherweise sehr gewöhnungsbedürftig. Mittlerweile – nach mehr als 20 Jahren – wollen wir hier nicht mehr weg! Unsere schöne Garderobe aus Münchner Zeiten kommt – zwar etwas gelöchert (wir sind tierliebend), aber dennoch – wieder zur Geltung. Opern- und Theaterbesuche sowie ein neues Hobby – die großen Küchenchefs und feinen Restaurants zu entdecken, ersetzen unsere Auszeit im Naturparadies.

2003 Generalstreiks in Frankreich

Dies ist nicht der erste Streik, den wir seit unserer Ankunft in Frankreich erleben, aber zweifellos der einschneidendste. Kati kümmert sich drei Monate lang um vier 15-jährige Mädchen, da es keinen Unterricht mehr gibt. So lernen auch wir „Magg Do" (McDonalds) kennen und so gut wie alle Strände der Côte d'Azur. Konsequenterweise bieten wir unserer Tochter ein Auslandsschuljahr an. Statt England („dort gibt es kein gutes Essen") wählt sie Wien, wo es ein Lycée Français gibt, Weihnachtsmänner (Großvater) und Familie. Die nächsten chaotischen Schul- und Studienjahre ergäben ein eigenes Buch der Hin- und Her-Auswanderer. Es folgen viele Reisen quer durch Europa, und wir verraten nun, was uns in Südfrankreich sonst noch aufgefallen ist.

- Pizza-Kultur! Die Provenzalen sind wohl größere Pizza-Liebhaber als die Neapolitaner; zumindest pflegen sie eine ausgeprägte Kultur: Pizza muss aus dem Holzofen mit offenem Feuer stammen, selbst wenn sie am Straßenrand aus einem Lieferwagen heraus verkauft wird.

- Bei einem spontanen Restaurantbesuch kann man seinen Tisch nicht frei wählen. Er wird immer mit der Frage „haben Sie reserviert" zugewiesen.
- Wenn man von Franzosen etwas „Authentisches" über Frankreich erfahren möchte, ist es hilfreich, dieses Land, seine Käse-, Wein- und Tischkultur auf Französisch zu loben. Fast immer beginnt nun der Einheimische über alles zu reden, was ihm nicht passt und schimpft über Politiker, Skandale und Ungerechtigkeiten im System.
- Wenn man in Eile jemanden auf der Straße nach dem Weg fragt, wird man sicherlich mit „BONJOUR d'abord" („erstmal guten Tag") zurechtgewiesen. Beginnt man aber mit „Bonjour, où se trouve…? (Guten Tag, wo ist …?) kann es passieren, dass man über die ausführliche Wegbeschreibung, sowie Geschichten, Tagesaktualitäten und Nachbarschaftsklatsch seine Eile vergisst und genussvoll dem Erzähler zuhört.
- Auch Kinder haben bereits die Angewohnheit, eifrig, ernsthaft und altklug das Leben zu erklären.
- Franzosen tragen Fremden gegenüber grundsätzlich eine gesellschaftliche Maske, die sich am besten abkratzen lässt, wenn man versucht, Französisch zu sprechen („d'où vient votre petit accent?" – „woher kommt Ihr kleiner Akzent?") und bei der Gelegenheit sein Land erwähnt. Wenn auch die meisten Franzosen nicht wissen, wo genau Österreich liegt, waren sie fast alle schon einmal in Tirol, das bekanntlich unter französischer Besatzung war.
- In der Bäckerei heißt das Stangenbrot „baguette", im Restaurant „pain" (Brot). Das ist uns aufgefallen, als ein Österreicher im Restaurant dem Kellner zuruft: „une pakett svp".
- Kati schickt seit einigen Jahren gelegentlich nicht nur ein Suchbild per Whatsapp an ihre Wienerinnen, die in Frankreich gelebt haben, sondern ein Ratespiel der im Radio aufgeschnappten französischen Aussprache englischer Namen und Begriffe. Das ist höchst amüsant. Oft wird lange gerätselt, wer oder was gemeint sein könnte mit „Jean le Nom", „Jacques Spier" oder „Madame Ouston". Wir wünschen dem geneigten Leser viel Spaß bei der Lösungssuche!

Britta Jendricki

Seit 2005 im Département Gers (32)

Ich wollte nie auswandern ...

Mein geliebtes Auetal verlassen? Aus meinem Heimatdorf, südlich von Hamburg, zwischen Marsch und Geest, wo jeder jeden kennt, wieder weg gehen? Das ist mir nie in den Sinn gekommen! Ganz im Gegenteil, wenn ich davon hörte, machte sich bei mir ein beklemmendes Gefühl von wie-geht-denn-sowas breit.

Noch zu Beginn der 2000er Jahre hörte ich von meinen Walkingfrauen im Dorf, „Da, die" – es wurde auf ein hübsch renoviertes altes Bauernhaus gezeigt, – „die waren zehn Jahre in Toulouse, sind jetzt zurück, mit ordentlich Geld ...". Und ich dachte nur: Wahnsinn, zehn Jahre! Und wie kann mensch bloß zehn Jahre weg sein, fern der Heimat!? Soooo lange woanders leben und dann zurückkommen, einfach den Lebensmitttelpunkt wieder zurückverlegen?!

Es war mir komplett unverständlich, völlig unvorstellbar.

Heute bin ich seit 2005 in Frankreich und kann mir überhaupt nicht vorstellen, je wieder zurückzugehen. Wie es dazu kam? Hier meine Geschichte:

Es waren eher wirtschaftliche Gründe, obwohl die Liebe zum Land Frankreich und im Besonderen hier unten zum Südwesten schon eine Rolle gespielt hat, sowie auch noch eine andere Liebe, nämlich die zu meinem Mann, eine nicht unbedeutende Rolle gespielt hat. Ich weiß nicht, was gewesen wäre, wenn ich das Land so gar nicht gekannt und die Sprache nicht gesprochen hätte: China hätte es auch werden können ...

Aber zurück zur Geschichte: Mein Mann und ich haben uns während unserer Ausbildung zur Mediengestalter/in auf dem zweiten (dritten) Bildungsweg um die Jahrtausendwende kennen und später lieben gelernt. Diese Ausbildung versprach uns gute Zukunftsaussichten in der Web- und IT-Branche, die gerade boomte. Doch es sollte ganz anders kommen. Noch in unserem

Abschlussjahr platzte die Dotcom-Blase und zog den schrecklichen Börsencrash nach sich. So schlitterten wir beide, jeder für sich in eine aussichtslose, aber vom Arbeitsamt geförderte (Maßnahme) Selbstständigkeit in dem Berufsfeld Print -und Digital-Mediengestaltung.

Und zwei Jahre später, nach viel Klinkenputzen, nicht gerade erhebenden Erfahrungen und dazu zerrüttetem Selbstwertgefühl, als die Förderung auslief, mussten wir aufgeben, wir konnten uns noch nicht mal die Krankenversicherung leisten.

Ich wickelte noch etwas länger meine Projekte mit der Uni Hamburg (Medienkultur, Fachbereich Informatik) ab, während mein Mann sofort per Zufall und gegen seinen ausdrücklichen Wunsch in seinem Lehrberuf als Elektriker über eine Zeitarbeitsfirma an Airbus in Finkenwerder (Finkytown, wie die Airbusser sagen) weitergereicht wurde. Von dort verschlug ihn der immense Bedarf an Arbeitskräften beim Bau des Monster A380-Fliegers bald nach Toulouse (später war auch China und Mobile, Alabama, im Gespräch). Ich pendelte, hatte noch mit nicht lukrativen Restkunden zu tun, gab Schulungen im Bereich „Neue Medien“ (wie es damals noch hieß) und zur Pflege der Webseite, die ich erstellt hatte und die man nun doch lieber selbst bedienen möchte, anstatt mich dafür zu bezahlen.

Schließlich wurde die Idee geboren: Mensch, arbeitslos kann ich auch in Frankreich sein! Und die Fliegerei mit dem Firmenflieger war zwar für Angehörige von Airbusangestellten günstiger als Linie zu fliegen, aber es läpperte sich eben auch und wir hatten's nicht dicke. Als mein Mann nach Ablauf der zwei Jahre Leiharbeit den ersehnten Festvertrag bei Airbus bekam, mieteten wir uns ein Haus in einem kleinem Hameau (Weiler) außerhalb des Dorfes Lévignac, 25 Fahrminuten vom Airbuswerk, der Arbeitsstelle meines damals noch nicht Ehemannes. Im gleichen Jahr haben wir auch geheiratet. Kleine Feier in Deutschland mit der Familie und engsten Freunden, so wollten wir es auch haben. Eigentlich hätten wir am liebsten in Frankreich und alleine geheiratet, aber schließlich wurde uns klar, dass wir damit Familie und Freunde brutal vor den Kopf stoßen würden, und das wollten wir dann doch nicht.

Das Leben dort war schön, endlich hatte ich reichlich Sonnenwärme, der ich in Norddeutschland immer nur hinterherjagen konnte und wenn ich Pech hatte, fiel der norddeutsche Sommer auf einen Nachmittag, an dem ich arbeiten musste. Also war ich viel und gerne draußen unterwegs. Ich habe viel Sport gemacht, war ich doch bis zu meiner Ausreise jahrelang Teil eines Marathon-Teams auf Inlineskates gewesen, mit dem entsprechenden Trainingsstand.

Ich buk mein eigenes Sauerteigbrot, zog Tomaten, pflanzte mediterrane Rankgewächse um die zahlreichen Sitzplätze rund um Haus und Garten, was versorgte Ehefrau eben so tut im Ausland.

Ach ja, und ab 40, natürlich, versuchte ich ein Buch zu schreiben.

Gesundheitlich ging es mir in diesen Jahren sehr schlecht, erst im vierten Jahr nach der Ausreise, nach einer rettenden OP und langen Krankenhausaufenthalten war ich endlich wieder genesen, körperlich und auch seelisch konnte Heilung geschehen.

Und schon kam auch der Wunsch nach mehr; nervten die neuen Nachbarn; wir wünschten uns was Eigenes, anstatt jedes Jahr die maximal erlaubte Mieterhöhung hinzunehmen.

Ungefähr zu dieser Zeit entdeckten wir auch, dass mein Mann als Airbusangestellter besonders günstige Kreditkonditionen bekommen kann und wir uns somit ein kleines Häuschen im Grünen (ohne Nachbarn!) leisten können, was wir so in unserer Lebensplanung nicht mehr erwartet hatten (ich immer noch ohne Einkommen und er mit Mitte 40 schon ein bissi spät dran).

2009 fanden wir unser kleines Lehmhäuschen, auf einem Hügel in der wunderschönen Landschaft der Gascogne, in die sich mein Mann bei seinen Motoradtouren bereits vorher verliebt hatte. Wir haben einen traumhaften 180-Grad Pyrenäen-Blick, keine direkten Nachbarn (erst auf dem nächsten Hügel ist ein Haus). Unser Grundstück liegt etwa 4 km außerhalb eines kleinen pittoresken Dörfchens namens Simorre. Es gibt 1 000 qm rund ums Haus, mit der Nordseite direkt an den eigenen Wald geschmiegt. Insgesamt haben wir knapp 2 ha Wald, was wir total perfekt fanden, wollten wir doch mit Holz heizen, sprich: das Holz selber machen!

Doch dazu sollte es nicht wirklich kommen. Wir haben uns zwar einige Jahre damit abgemüht, jedoch entpuppte es sich als zu anstrengend. Denn noch bevor der Kaufvertrag unterzeichnet wurde, in der Vorvertragszeit, erlitt mein Mann einen schweren Herzinfarkt, den er durch einige glückliche Zufälle und mithilfe von fünf Stents überleben durfte.

Das war das erste Mal, dass das Leben uns überraschte, es von jetzt auf gleich anders verlief als gedacht, geplant ... gerade vor einigen Wochen hat mein Mann seine Sehkraft auch auf seinem zweiten Auge eingebüßt. Wer weiß, wo uns diese neue Herausforderung hinführt?

Christine Höffken

Seit 2006 im Departement Deux-Sèvres (79)

Eine gute Juristin kann alles …

… pflegte mein Professor für Handelsrecht an der Uni immer zu sagen, wenn es um die Frage ging, was wir denn später einmal werden wollten. Im Gegensatz zu meiner Schwester, die Sprachen studierte, aber dem Auswandern eher abgeneigt war, wollte ich später lieber mit meinen Tieren auf einem Hof in Frankreich leben. Fiel also wohl Bauer in Frankreich auch darunter? Heute weiß ich: Ja! Traktor fahren, Schafe hüten, Ställe ausmisten, alles kein Problem. Aber was hat das mit Jura zu tun? Nun, irgendwie hat alles mit Jura zu tun, wie sehr, erfahren Sie noch.

Mein Landleben in Frankreich begann mit einem mehr oder weniger improvisierten Umzug in eine Ruine mit Stallungen und Land. Zum Schlafen hatten wir ein Mobilheim in eine der Scheunen gestellt. Freunde, die uns aus Deutschland in der Zeit besuchten, pflegten zu sagen: "Ja, das stimmt schon, vieles was man so an Komfort zu brauchen meint, spielt sich nur im Kopf ab. Tatsächlich braucht man das wahrscheinlich gar nicht!" Ich glaube allerdings, sie wollten mich nur trösten, denn wiedergekommen sind sie nie.

Schuld sind natürlich wie immer meine Eltern. Sehr frankophil, verbrachten wir viele Urlaube in Frankreich, Weinproben im Burgund, Strandurlaube in Èze und Saint-Tropez, Winterurlaub in den Alpen, Ritte durch die Camargue, wer sollte da bitteschön nicht in diesem herrlichen Land leben wollen?

Mein erster Versuch einer dauerhaften Bleibe fand allerdings nicht auf dem Land in der France profonde (das heißt so viel wie sehr, sehr abgelegen), sondern im Süden statt. Montpellier war nicht weit, die Küste nur zehn Minuten Autofahrt entfernt und die schönen Weingebiete des Languedoc um die Ecke. Kennen Sie den Weißwein Picpoul de Pinet? Wunderbar frisch, jung getrunken, passt er perfekt zu den Austern, die im dortigen Bassin de Thau rund um das Dorf Bouzigues angebaut werden. Meine Tochter war gerade ein paar Monate alt, der Mutterschutzurlaub etwas langweilig nach einem ausgefüllten Juristenleben, als mir in einer überregionalen Tageszeitung eine

Verkaufsanzeige ins Auge fiel. Es war einer dieser typischen regnerischen Tage, wie es sie in Wuppertal so oft gibt. Nicht umsonst ist Wuppertal zur regenreichsten Stadt Deutschlands gekürt worden. Wussten Sie, dass die Kinder in Wuppertal angeblich mit Gummistiefeln an den Füßen geboren werden? Das Risiko wollte ich bei meiner Tochter nicht eingehen, sie kam in Essen zur Welt.

Jedenfalls wurde ein Ferienhaus in der Nähe des Anbaugebiets des Picpoul zum Verkauf angeboten. Es befand sich in einem pittoresken Dorf und verfügte über einen begrünten, schattigen Innenhof, in dem mein Baby wunderbar krabbeln könnte. Die telefonisch eingeholten ersten Informationen des Verkäufers erschienen vielversprechend, er stellte mir sogar für die Zeit der Besichtigung eine Ferienwohnung ganz in der Nähe zur Verfügung. Also nutzte ich die neu gewonnene Freiheit des Mutterschutzurlaubs, lud mein Baby ins Auto und fuhr Richtung Süden, der Sonne entgegen. Besichtigung und Kaufentscheidung erfolgten innerhalb einer logischen Sekunde! Der Verkäufer war ein Bäckermeister aus Hessen und im Notartermin half uns meine zukünftige Nachbarin mit Übersetzungen, eine mehrsprachige schwedische Malerin, die schon lange im Dorf wohnte und sehr gut französisch sprach. Ein herrliches Durcheinander von Personen und Sprachen, hessisch, deutsch, englisch, französisch und der südfranzösische Dialekt des Notars, der mir angesichts dieses bunten Sprachgewirrs und der immer wieder vom Notarvertrag abschweifenden Diskussionen, wie zum Beispiel über örtliche Märkte, etwas leidtat.

Für mich Juristin barg der Notarvertrag nicht viele Geheimnisse, die Unterschrift leistete ich im Handumdrehen. Wer würde nicht gerne den Dauerregen und die täglichen verschiedenen Grauschattierungen in Wuppertal für das wunderbare Licht unter dem blauen Himmel Südfrankreichs und die südfranzösische Sonne eintauschen?

Unser Haus war ein typisches südfranzösisches Dorfhaus mit einer Madonna, die in einer Nische in der Fassade stand. Mit seinen dicken Wänden, großen, bodentiefen Fenstern mit schmiedeeisernen Balustraden und dem mit südlichen Pflanzen bestückten Innenhof war es wunderbar für die Ferien.

Dort verbrachten wir in den nächsten sechs Jahren, bevor meine Tochter in Deutschland schulpflichtig wurde, soviel Zeit wie möglich. Das zweite Wort, das meine Tochter zur größten Verwirrung ihrer deutschen Krabbelgruppenfreunde in ihrem jungen Leben sprechen konnte, war „merci" (=danke). Wir genossen unsere Aufenthalte im Süden sehr, unsere Strandausflüge, die lokale Küche und die südliche Lebensart.

Für meine Hunde und Pferde war es aber wegen der recht hohen Temperaturen im Sommer und der mangelnden Grasflächen nur sehr bedingt geeignet, so dass wir doch auf Dauer ein neues Heim für uns suchten. Die Pferde wünschten sich ein schönes Feld mit frischem Gras, dementsprechend orientierte sich unsere Suche Richtung Norden. Aber bitte nicht zu weit. Was in Deutschland der „Weißwurstäquator" ist, ist in Frankreich die Loire. Alles was südlich liegt gehört zu Südfrankreich, alles was nördlich liegt, zu Nordfrankreich. Unser Hof musste demzufolge absolut südlich der Loire liegen, denn in den Norden wollte ich noch nicht einmal meinen Pferden zuliebe!

Mein Dorfhaus wurde verkauft und wir begaben uns unverzüglich auf die Suche nach einem ländlichen Anwesen mit Stallungen und genug Land für meine beiden Pferde (ein sogenannter Resthof).

Erstes Problem: Was heißt Resthof auf Französisch? (Anm. : Resthof = corps de ferme)

Ein interessantes Objekt lag in der Nähe von Jonzac, Charente-Maritime. Leider war der Acker, den man mir als Pferdewiese anbot, dermaßen uneben, dass ich mir bei dessen Begehung unverzüglich den Fuß mehrfach brach und Bekanntschaft mit dem gar nicht schlechten örtlichen Krankenhaus (Anm.: Krankenhaus = Hôpital / Gipsverband = plâtre) machen durfte. Danach für Monate lahmgelegt, schloss ich Jonzac und Umgebung aus meiner Suche aus. Wir fanden „unseren" Resthof im Internet, mit meinem Gipsbein hatte ich viel Zeit für Recherche. Situiert in der Nähe von Poitiers in der Region Poitou-Charentes (heute Nouvelle Aquitaine) lag er 5 km außerhalb eines 1 700 Seelen-Dorfes inmitten von Wiesen und Hecken.

Die geografische Lage war ideal für uns, südlich der Loire, aber doch „nur" zehn Autostunden von Mettmann entfernt, wo meine Mutter und Schwester lebten. Vom 30 Minuten entfernten Bahnhof Poitiers fährt der TGV mehrfach täglich in 1,5 Stunden nach Paris Montparnasse. Von dort fährt die Metro zu der „Gare (= Bahnhof) Paris Nord", wo der Zug nach Düsseldorf oder Wuppertal abfährt. Außerdem befindet sich eine der ältesten Universitäten Frankreichs in Poitiers, wo meine Tochter später studierte.

So weit, so gut, ein Besichtigungstermin wurde vereinbart und wir fuhren wieder einmal in unsere Lieblingsrichtung Frankreich mit seinem weiten, blauen Himmel und den Schäfchenwolken. Der Zusammenprall mit der Realität war heftig. Offensichtlich hatten wir die vorsichtigen Andeutungen des Immobilienmaklers nicht in ihrer vollen Tragweite erfasst. Zwar war die Gegend wunderbar, sehr ländlich und grün. Die den Hof umgebende Natur erinnerte mich an glückliche Ferientage im Loire-Tal mit meiner französischen Gastfamilie, unseren wunderbaren Wanderungen (Anm.: Wanderung = „randonnée) und Fahrradausflügen. Meinen englischen Ehemann erinnerte sie an seine Heimat in Südengland. Wiesen, mit Bäumen durchzogene Hecken und grasende Schafe, wo man hinsah.

Die Immobilie selbst war jedoch ein Schock, eine Ruine, Schafe überall, wo man hinguckte, auch im Wohnhaus, das man allerdings aufgrund des mangelnden Dachs und eines guten Teils der Außenwände eigentlich nicht als solches beschreiben konnte. Neben diesem hutzeligen, beschädigten Gebäude stand eine, aus wunderschönen quadratischen Granitsteinen errichtete, frühere Kirche aus dem 12. Jahrhundert. Das Ganze war einmal eine Priorei gewesen, die von den Mönchen bereits im 17. Jahrhundert wegen der baulichen Mängel als unbewohnbar verlassen worden war. Seither hatte sich offensichtlich nicht viel verändert. Seither als landwirtschaftliches Gebäude genutzt, befanden sich in der ehemaligen Kirche die Stallungen für die Hoftiere. Dort richteten wir später die Pferdeboxen ein.

Unser verklärter Blick, wahrscheinlich beruhend auf Schlafmangel nach der langen Fahrt und der unglaublichen Stille, die dort herrschte, sah nicht die Probleme, sondern nur die Möglichkeiten. Hier war alles vereint, was wir uns wünschten. Mein Architekten-Ehemann beruhigte mich mit einem Zeitrahmen von fünf Jahren, in denen wir das Projekt fertiggestellt hätten. Wir machten ein gemütliches Picknick unter den Bäumen, die die Teiche am Ende der langen Wiese (=pré) hinterm Haus umstehen und beschlossen, dass dieser Ort unserer war. Es gibt sicherlich bessere Kaufargumente als ein lauschiges Picknick an einem romantischen Platz, der bald uns gehören könnte, aber für uns war es das. Ehemann und Tochter warfen mir ein lockeres „Wir bleiben hier, wenn du zurück willst nach Deutschland, fahr allein" entgegen und der „compromis de vente" (= Kaufvorvertrag) wurde noch am selben Tag unterschrieben.

Es herrscht eine ganz besondere Atmosphäre in diesem Anwesen, die sehr sensible Menschen auch sofort spüren. Mancher unserer Besucher glaubte, Mönche vorüber gehen zu sehen. Einige behaupteten sogar, sie haben gregorianische Musik in der ehemaligen Kirche gehört. Ich könnte Ihnen hier noch einige Spukgeschichten erzählen, die allerdings niemanden jemals zum Gruseln gebracht hätten. Im Gegenteil fühlten wir uns immer sehr gut aufgehoben und die sehr friedliche Atmosphäre legte sich über alle Besucher und Tiere, die bei uns weilten. Der hektischste Feriengast wurde friedlich und so entspannt, dass er seine Tage nur lesend oder ruhend in der Gartenliege verbrachte. Alle unsere Tiere leben in einem extremen Burgfrieden zusammen, Katzen spielen mit Schafen, Hunde bemuttern Katzen, Mäuse werden sehr zu meinem Kummer als Freunde angesehen und selbst das gestörteste Pferd wurde lammfromm.

Nach dem Vorvertrag dauerte es etwa sechs Monate, bis das Anwesen endlich uns gehörte. (Anm.: Da wir eine landwirtschaftliche Immobilie mit Land kauften, benötigten wir die Freigabe einer landwirtschaftlichen Institution = SAFER, wodurch es zu Verzögerungen kam.) Total verliebt in diesen Ort, zogen wir nur kurz nach dem Notarvertrag um und gaben unseren Wohnsitz in Deutschland auf. Seitdem wohnen wir in der France profonde (= ländliche, tiefste Provinz, sehr, sehr abgelegen), außerhalb jeglicher städtischen Ballungsgebiete.

Umzug

Der Umzug selbst ging problemlos. Als Bürger Europas kann man sich ja frei bewegen. Nur die Pferde benötigten ein Attest vom Amtsveterinär zur Ausfuhr, nach dessen Ausstellung wir 48 Stunden Frist hatten für den Transport. Stellte sich die Frage des Transports also. Ich holte mehrere Kostenvoranschläge von Transportunternehmen ein, alle recht teuer. Kurzentschlossen wurde stattdessen zum selben Preis von dem Autohändler meines Vertrauens ein uralter Ford Transit mit deutlich über 280 000 Kilometern auf dem Zähler gekauft und wir beschlossen, die Pferde selbst zu transportieren.

Dieses „Bärchen“ wie wir es liebevoll nannten, leistete uns beste Dienste, bis wir es nach 14 Jahren und nunmehr deutlich über 330 000 km vor 2 Jahren verkauften.

Als es dann endlich soweit war, packten wir das Notwendigste, lagerten den Rest bei einer Speditionsfirma (die war leider nicht so zuverlässig wie erhofft, und wir haben später nicht mehr alles wiederbekommen), luden unsere Vierbeiner ein, die Pferde auf den Pferdehänger und fuhren los in unser neues Leben.

Anfänge

In unserem ersten Frühling hier entdeckten wir die Natur ganz neu. In dieser ländlichen Umgebung, inmitten von Feldern, Wäldern und Wiesen, herrscht eine Stille, die einen förmlich erschlägt, wenn man aus dem Auto steigt. Alles, was man hört ist Natur, Vögel, Frösche, Grillen, unzählige Kuckuck-Rufe und vereinzelte Traktorengeräusche.

Da unser Resthof ja außer für Schafe nicht bewohnbar war, stellten wir mit Erlaubnis der Mairie (Anm.: Mairie = Rathaus) ein Mobilheim in einer offenen Scheune auf dem Hof unter (und, ach für mich Juristin so unerwartet und irgendwie typisch französisch: Wir sollten ihn bitte so stellen, dass er von der Straße nicht gesehen werden könne, denn eigentlich sei das nicht erlaubt ...). Dort verbrachten wir die ersten Monate unseres Landlebens. Es war Sommer, es war herrlich! Wir lebten draußen, mit unseren Pferden, Hunden, Katzen und Schafen und genossen diese Zeit. Wir tanzten im Mondschein über die Wiesen, meine Tochter hüpfte als Nackedei durch den seltenen Regen. Diese ersten Monate in unserer Abtei, wie wir sie nennen, gehören mit zu meinen schönsten Erinnerungen.

Natürlich benötigten wir eine Baugenehmigung (Anm.: Baugenehmigung = permis de construire) für die sehr umfangreichen notwendigen Bauarbeiten. Das war nach dem Mobilheim die zweite, sehr interessante Erfahrung mit der Arbeitsweise unseres französischen Bürgermeisters. Uns fehlte nämlich der erforderliche Wasserhydrant für die Feuerwehr zum Brandschutz. Auch unser Teich kam dafür wegen zu großer Entfernung zum Haus nicht in Frage. Aber der Teich des Nachbarn war recht nah dran. Unser damaliger Bürgermeister (=Maire) wandte sich also an unseren Nachbarn und sagte, es sei doch sicher in Ordnung, dass wir im Falle eines Brandes, der natürlich nicht eintreten würde, das notwendige Wasser aus seinem Teich ziehen könnten. Der Nachbar nickte und mit diesem rechtlich völlig unverbindlichen Nicken war für den Bürgermeister das Problem erledigt, und die Baugenehmigung wurde erteilt. Später unterzeichnete der Nachbar allerdings noch ein rechtlich bindendes Dokument!

In unserem kleinen Dorf waren wir nicht die ersten Ausländer, es wohnten bereits einige englische und portugiesische Familien dort. Einen dieser ausländischen Mitbürger, halb Engländer, halb Schotte, lernte ich bei einem unserer Mittagessen im örtlichen Restaurant kennen. Mit meiner Tochter unterhielt ich mich auf Deutsch, was damals allerdings eher selten war, weil sie ja Französisch lernen sollte. Plötzlich ertönte von dem Tisch hinter uns eine sonore Männerstimme mit einem wunderbaren österreichischen Timbre (er hatte einige Jahre in Österreich gelebt) auf Deutsch: „Ach Ihr kommt wohl aus Deutschland. Seid Ihr neu hier?"

Später habe ich noch einiges mit ihm zusammen unternommen, so haben wir für einen berühmten Erlebnispark in unserem Nachbar-Département der Vendée (Puy du Fou) deutsche Texte als Hörtext aufgenommen, die ich zuvor vom französischen Original übersetzt hatte. Die Originalaufnahme war mit dem berühmten französischen Schauspieler Alain Delon und seiner herrlichen Stimme – ich habe sie mir immer wieder vorspielen lassen mit der Behauptung, ich müsse den Rhythmus finden. Aber mein Freund konnte da stimmenmäßig durchaus mithalten.

Meine Tochter fand schnell Anschluss in ihrer neuen Schule. Dort waren bereits einige englische Kinder, die von der Lehrerin (=maîtresse) dazu verdonnert wurden, ihr mit Übersetzungen zu helfen. Das erleichterte meiner Tochter, die schon Englisch sprach, den Schulanfang hier erheblich. Der Schulwechsel raus aus dem deutschen System hat ihr enorm gutgetan, sie blühte förmlich auf. Ich bin davon überzeugt, dass sie, die heute ihr Studium mit dem Master abgeschlossen hat, in Deutschland nicht das gleiche Niveau erreicht hätte.

Der Einstieg in das örtliche Leben gestaltete sich in unserem landwirtschaftlich geprägten Ort etwas zäher. Viele Familien leben seit Generationen hier, (fast) jeder kennt jeden. Die Bewohner ländlicher Regionen sind oft weniger offen dem Fremden gegenüber als in städtischen Gegenden. Unser Ort machte da keine Ausnahme. Wir hatten allerdings noch Glück, denn wir kamen ja aus Deutschland und England. Pariser und Nordfranzosen haben es da angeblich noch schwerer. Vor allem über die Ch'tis (=Nordfranzosen) und ihren Dialekt werden viele Witze gemacht.

Das störte uns allerdings am Anfang gar nicht. Wir hatten einigen Kontakt zu anderen Familien über die Schule, zur Mairie wegen der Baugenehmigungen für den Hof und jede Menge Arbeit. Unsere Mitbewohner hier im Dorf waren und sind sehr freundlich, entgegenkommend und hilfsbereit, die örtliche Bar/Tabac (kleines Kaffee-Restaurant mit Rauchwarenverkauf) bot uns eine mittägliche Pause mit leckerem Essen und immer wieder denselben Leuten, die man ja dann auch kennenlernte. Alles auf Armeslänge, aber für den Anfang machte es unser Einleben relativ einfach.

Und hier für Sie ein Frühlingsrezept vom Lamm:

Confit d'agneau & sa fondue de poireaux

Préparation (3 heures 30)
Mettez à cuire vos épaules d'agneau dans la graisse de canard pendant 3 heures environ à feu très doux.
Une fois cuit, égouttez votre agneua que vous salerez, poivrerez et saupoudrerez de curry.
Pour la fondue de poireaux:
Faites cuire vos poireaux dans le vin blanc pendant 20 minutes.
Lorsqu'ils sont cuits, mixez-les.
Ajoutez la crème fraîche et assaisonnez à votre goût.
Arrosez votre viande avec cette fondue.
Servez très chaud!
Note: Vous pouvez ajouter des pommes de terre nouvelles cuites à la vapeur!

Ingrédients (pour 12 personnes)
2 épaules d'agneau
3 kg de graisse de canard
1 kg de poireaux
½ litre de vin blanc
½ litre de crème fraîche
Quelques feuilles de laurier
1 branche de thym
1 cuillère à café de curry
Sel
Poivre

(aus dem wunderbaren Gâtine-Kochbuch „je, tu, elle buissonne“ – frei übersetzt: ich, du, sie schlendert, geht spazieren – von Marie-Eliane Pied)

Leben in Frankreich für Anfänger

Natürlich brachte uns unsere mangelnde Kenntnis der örtlichen Sitten und Gebräuche in alle möglichen peinlichen Situationen. Nachdem wir bereits vor unserem Umzug viel Zeit in Frankreich verbracht hatten, dachten wir eigentlich, dass uns die französische Lebensart vertraut sei. Weit gefehlt!

Das Bisous

Die Kultur des Küsschen Gebens ist nicht überall in Frankreich gleich. In manchen Gegenden gibt man sich zwei, in anderen drei oder auch vier Küsschen. Bei uns im Deux-Sèvres sind es zwei Küsschen (=Bisous) links und rechts auf die Wangen. Es dauerte gefühlte tausend Fettnäpfchen, bis ich diese Kultur des „Bisous“ halbwegs beherrschte. Entweder schreckte ich zurück, wenn mir jemand ein bisous geben wollte, oder ich verfiel in das Gegenteil und verteilte großzügig „bises“ an mehr oder weniger völlig Fremde, woraufhin ich jedes Mal irritiert angesehen wurde. Ein weiteres Problem: Gibt man eigentlich der Grundschullehrerin der Kinder ein „bisous“, wenn man sie innerhalb oder außerhalb der Schule trifft?

Auch am Telefon oder unter Textnachrichten kommt das „bisous“ (auch „bises“ oder „bisettes“) zum Einsatz. Laut meiner Tochter, inzwischen fast mehr Französin als Deutsche, habe ich das bis heute nicht im Griff!

Apéritif

Franzosen lieben ihren Apéritif (oder Apéro), er gehört zu jedem Abendessen dazu. Oft lädt man Freunde auch nur für 19 Uhr oder 19:30 Uhr zum Apéritif ein, nicht aber zum Abendessen. Wurden wir zum Apéritif eingeladen, freuten wir uns auf einen kleinen Umtrunk mit Snack vielleicht und planten ein Abendessen für 20 Uhr, 20:30 Uhr. Tja, weit gefehlt. Apéritif in Frankreich ist nicht das, was man in Deutschland darunter versteht. Auf jeden Fall dauert es deutlich länger, mindestens bis 21 Uhr, gerne auch einmal den ganzen Abend und es wird reichlich aufgetischt. Cocktails, Mischgetränke wie Rosé-Pamplemousse, Bier oder Radler und dazu kleine Leckereien wie Hartwürste (Saucisson), Pâté, Knabbersachen, Oliven, Rohkost mit Frischkäse und vieles mehr. Danach hat man eh keinen Hunger mehr und das Abendessen fiel für uns danach aus.

Gepriesen sei der „Apéritif dînatoire“ (Anm.: Apéro dînatoire = Apéritif mit Abendessen), da weiß man selbst als Deutsche doch gleich, dass der ganze Abend verplant ist!

Pünktlichkeit bei Veranstaltungen

Bei Schulveranstaltungen meiner Tochter, die um 20 Uhr anfangen sollten, waren wir ordentlich angezogen und spätestens 19:55 Uhr da. Meist als einzige Gäste und nur die Tischaufstellung im Saal deutete darauf hin, dass tatsächlich eine Veranstaltung stattfinden würde. Alle anderen trudelten nach und nach ab 20:45 Uhr langsam ein. Danach wurde erst einmal gegessen. Apéritif, Entrée (Vorspeise), Plat (Hauptgericht), Fromage (Käse), Dessert (Nachtisch), Kaffee. Die Vorführung der Kinder begann endlich um 23:30 Uhr, woraufhin ich der Lehrerin erklärte, dass dies ja viel zu spät sei und meine Tochter eigentlich dringend ins Bett (= au dodo) müsse! Daraus wurde dann natürlich nichts, und die Vorführung der Kinder endete meist spät nach Mitternacht.

Lernkurve

Es gibt viele verschiedene Wege, sich in seine örtliche Gemeinschaft zu integrieren. Unsere französischen Mitbewohner erwarten dies auch. Wer sich enthält und sich nur wenig Mühe gibt, die Sprache zu lernen, wird schief angesehen.

Hilfreich sind sicherlich die wöchentlichen Marktbesuche (Anm.: Markt = marché), die Teilnahme an Veranstaltungen oder besonders gut natürlich das Beitreten zu einem örtlichen Verein (Anm.: Verein = association), von denen es üblicherweise in den französischen Orten viele gibt.

Ich ging einen anderen Weg. Etwa ein Jahr nach unserem Umzug besuchte uns unser Nachbar zusammen mit einem Freund und sie baten mich, ihrer Liste für die Kommunalwahlen (Anm.: Kommunalwahlen = élections municipales) beizutreten. In den kleineren Orten Frankreichs präsentieren sich keine Parteien zur Wahl, sondern Listenverbindungen von verschiedenen Bürgern, die immer genug Mitglieder haben müssen, um alle Ratssitze (Anm.: Gemeinderat / Stadtrat = conseil municipal) abdecken zu können, das sind bei uns 19.

Als Juristin aus der Kommunalverwaltung könne ich sicherlich bei der Vorbereitung der Wahlen helfen. Da machte ich gerne mit, etwas Hilfe, dachte ich, und in sechs Monaten ist Wahl, dann ist der Spuk vorbei. In unserer Liste wurde ich recht weit vorne positioniert, aber das störte mich nicht weiter, weil damals noch jede/r Kandidat/in individuell gewählt wurde und ich sicher war, dass mir hier niemand eine Stimme geben würde.

Mein größeres Problem war die Sprache. Während ich auch aufgrund meines englischen Ehemannes gut Englisch sprach, waren meine Französischkenntnisse ziemlich eingerostet. Erschwerend kam der in dieser Gegend gesprochene, eher schlecht verständliche örtliche Dialekt (Anm.: örtlicher Dialekt = Patois) hinzu. Er zeichnet sich durch rasende Geschwindigkeit und Undeutlichkeit des Sprechens sowie Weglassung diverser, wie ich finde, wichtiger Wortteile aus. Hierdurch wird nach meinem Dafürhalten (und dem der meisten Zugereisten) die Verständlichkeit des Gesagten erheblich beeinflusst. Hinzu kommt die absolute Vorliebe aller Franzosen für Abkürzungen. Es wird alles abgekürzt, was möglich ist, ob es sich um amtliche Papiere handelt, Institutionen, Berufsabschlüsse, die Liste ist endlos.

Alldem war ich anfänglich hilflos ausgeliefert. So fielen meine Beiträge zu den politischen Diskussionen mit etwa 15-minütiger Verspätung (versuchen zu verstehen, was gesagt wurde, Antwort auf Deutsch überlegen, übersetzen) in eine Runde, die sich längst anderen Themen zugewandt hatte. Das führte zunächst zu Unverständnis unter meinen neuen politischen Freunden, nach Erklärung meinerseits allerdings zu großer Heiterkeit. Mit Hilfe der rasch gegründeten „Rosé-Fraktion" kriegten wir das Problem recht gut in den Griff.

Anzumerken ist hier, dass ich im Leben noch nie so viel „Rosé-Pamplemousse" und Cidre getrunken habe, wie in meiner aktiven Zeit im Stadtrat. Zu jeder Veranstaltung wurden diese Getränke gereicht, dazu auch frisch gepresster Apfelsaft. In dieser Region werden viele Äpfel produziert und daraus wird örtlich (z. B. in Secondigny) Apfelsaft gepresst, mit oder ohne Sprudel, sehr lecker!

Während wir unsere Wahlkampagne starteten, setzte sich noch eine ganz andere Maschinerie in Gang. Radio France Bleu Poitou, Fernsehen France 3, Interviews, Homestory in der Presse („Le défi fou d'un couple anglo-allemand" = die verrückte Herausforderung eines deutsch-englischen Ehepaares). Damit hatte ich allerdings nicht gerechnet. Besuchte ich eine Wahlveranstaltung der gegnerischen Liste, wurde sehr zum Verdruss des anderen Bürgermeisterkandidaten nicht er, sondern ich gefilmt und interviewt, meine Marktbesuche waren plötzlich nicht mehr privat, sondern begleitet von Kamera, Mikrofon und einer Traube von Reportern, Technikern und Kabeln.

Dass sich eine Deutsche hier in unserem Dorf zur Wahl stellte, war die Sensation.

Was ich damals nicht wusste, was aber erklärt, warum so mancher ältere Herr hier im Ort tatsächlich kritisch den Blick auf meine Füße richtete (trägt sie Springerstiefel?), ist, dass die nationalsozialistische SS im 2. Weltkrieg in diesem Ort ein Quartier bezogen hatte und es wohl auch zu Erschießungen kam. Das „Nazi"-Haus galt lange als Spukhaus. Es stand, seit wir hier wohnten, leer und zum Verkauf. Erst letztes Jahr wurde es endlich von einer ortsfremden Familie gekauft und renoviert. Die Nazivergangenheit Deutschlands wird hier noch häufig thematisiert.

Natürlich war ich danach bekannt wie ein bunter Hund und wurde auch prompt in den Gemeinderat „conseil municipal" gewählt. Tägliche Meetings und viel Arbeit in der Mairie standen von da an auf der Tagesordnung, Integration war keine Frage mehr. Für die Bauarbeiten auf unserem Hof nicht unbedingt förderlich, aber meine Kenntnisse der französischen Sprache, Lebensverhältnisse und Sozialisierung erweiterten sich in Lichtgeschwindigkeit, ebenso darüber, wie eine Kommune in Frankreich verwaltet wird mit allen dazugehörenden juristischen Fragestellungen.

Abgesehen von meinen Sprachschwierigkeiten, die sich in diesem Umfeld schnell minderten, hatte ich ein anderes Problem damit, dass ich nicht jeden Einwohner mit Namen kannte, auch nicht die Familiengeschichte und wer mit wem verwandt ist. Denn bei uns werden Orte nicht etwa mit dem Straßennamen benannt (die kannte ich nach der Wahlkampagne gut), sondern nach Personen, die dort wohnen.

Das geht dann etwa wie folgt: „Da hinten ist ein Baum umgefallen, weißt du, neben dem Haus von …“. Ich dann: „Nein, den Namen kenne ich nicht. Wo ist das bitte?“ Antwort: „Ach du weißt schon, das ist doch der Nachbar/ Cousin/Onkel vom … Der wohnt direkt hinter Madame …“. Grrrrrrr

Inzwischen ertappe ich mich dabei, dass meine Ortsbeschreibungen entsprechend ausfallen, auch ich sage nicht mehr den Straßennamen, sondern benenne nur noch die Familien, die dort leben.

Im Rathaus war ich zuständig für die bei uns lebenden „Ausländer“, Bauplanungsrecht und Entwicklung des Tourismus/Wirtschaftsförderung. Für unsere Ausländer organisierten wir Sprachkurse und gründeten einen englisch-französischen Verein (association franco-anglaise), der einen Sprachaustausch zwischen unseren französischen und englischen Mitbürgern ermöglichte, und der unter anderem Namen heute noch besteht. Wir entwickelten einen neuen Bebauungsplan in der Zeit und ein neues Dorfzentrum für intergenerationelles Wohnen, das mit einem regionalen Preis gewürdigt wurde. Als kleines Dorf arbeiteten wir eng mit den größeren Verwaltungseinheiten zusammen, wie der Communauté des Communes (eine Art Gemeindeverband, in dem kommunale Aufgaben gemeinsam wahrgenommen werden), dem Département (eine Gebietskörperschaft, wie ein Landkreis) und der Region Poitou-Charentes, heute Nouvelle Aquitaine (Region = vergleichbar den deutschen Bundesländern).

Unerwartet war für mich als ehemaliger Oberrechtsrätin mit regelmäßiger Präsenz im Stadtrat und auch sachkundiger Bürgerin selbst im Stadtrat, dass hier, im Gegenteil zu Deutschland, die wesentliche Arbeit von den Ratsmitgliedern erledigt wird. Natürlich gab es ein Grünanlagen- und ein technisches Team und auch zwei Sekretärinnen im Rathaus, aber die Projekte, Veranstaltungen, bis hin zur Gardinenauswahl für das örtliche Altersheim organisierten und bearbeiteten wir Ratsmitglieder.

Interessant waren auch die Differenzen in den jeweiligen Arbeitsweisen zwischen Deutschen und Franzosen. So beklagten sich einige meiner französischen Ratskollegen gerne und ausdauernd über Probleme und widrige

Umstände, ohne aber – jedenfalls in meinen Augen – jemals eine Lösung dafür anzustreben. Ich versuchte also, typisch deutsch und völlig vergeblich, die Diskussion abzukürzen und in eine Lösungsfindung zu dirigieren. Wo genau ist das Problem? Wie könnte die Lösung aussehen? Völlig missverstanden hatte ich, dass meine lieben Kollegen eben wirklich nur meckern wollten und gar keine Lösung suchten. Wir nennen das „rouspeter", alle lieben es und ich mache inzwischen auch gerne mit.

Das Problem der Abkürzungen hat sich ebenfalls entschärft, vor allem, nachdem ich herausfand, dass die meisten Franzosen selbst nicht wissen, was genau die Abkürzung bedeutet. Im Grunde ist es nur eine weitere Vokabel, die man lernen muss.

Leben im ländlichen Frankreich

Sie sehen also, mein alter Universitätsprofessor hatte Recht! Es gab hier ein reiches Betätigungsfeld für eine Juristin, außer Pferdeställe auszumisten und Traktor zu fahren ...

Kurz nach meiner Wahl in den örtlichen Stadtrat, wo ich dank meiner juristischen Kenntnisse an vorderer Stelle mitgearbeitet habe, habe ich dann auch noch mein eigenes Unternehmen gegründet. Anlass waren wieder einmal meine Pferde und die notwendige Ausstattung. Ich vermisste meinen deutschen Händler und fand die Produkte, die ich hier kaufen konnte, zu schlecht in der Qualität und zu teuer. Also bestellte ich weiterhin fröhlich in Deutschland, bis mir mein Händler einmal vorschlug, ich könne Wiederverkäuferin werden. Ich gründete also eine Micro-Entreprise, ein kleines Unternehmen zum Wiederverkauf von Reitsportartikeln. Von da an zog ich an den Wochenenden wieder auf die umliegenden Reitturniere, aber nicht, um wie früher, mit meinem Dressurpferd teilzunehmen, sondern mit meinem Verkaufsstand. Wir hatten viel Spaß dabei, aber es war auch sehr anstrengend.

Wir vermieteten auch Ferienwohnungen auf unserem Hof, wobei unsere Mieter es hier immer so schön fanden, dass sie länger blieben und unsere kürzeste Vermietungsdauer bei sechs Monaten liegt. Hierzu meldete unser

Steuerberater für uns ebenfalls eine Micro-Entreprise an, was aus Sicht der Legalisierung und Versteuerung dieser Aktivität nötig war. Diesen Bereich haben wir später ausgebaut und bieten Beratung zu Immobilienfragen an, Verwaltung von Immobilien, aber auch Übersetzungen und Hilfen bei administrativen Erledigungen (Ruraccom).

Und heute?

Meine Ratsarbeit habe ich an den Nagel gehängt und kümmere mich um die Immobilienverwaltung und Beratung. Mein neues Hobby ist der Country Line Dance. In Frankreich gibt es eine große Leidenschaft für Country dance, auf französisch gesprochen „dans kuntri" (Betonung auf dem i). Überall gibt es Clubs, die diese Aktivität anbieten. Selbst im abgelegensten Dörfchen hier in meiner France profonde, wo das Navigationsgerät die Sträßchen nicht mehr findet, können Sie auf einem Ball plötzlich auf mehrere hundert Personen treffen, die gut gelaunt als Cowboy oder Cowgirl gekleidet in langen Reihen nach Countrymusik tanzen. Dem bin auch ich seit nunmehr 15 Jahren verfallen und tanze zwei Mal wöchentlich in meinem örtlichen Club. Am Wochenende geht es auf Bälle. Dort trifft man viele Gleichgesinnte und es sind immer fröhliche, einfache, unkomplizierte Veranstaltungen. Die Tanzliste umfasst häufig über 90 Tänze und die Abende gehen von 20 Uhr bis weit nach Mitternacht. Diese Bälle sind übrigens die einzigen Veranstaltungen, an denen ich hier bisher teilgenommen habe, die immer hundertprozentig pünktlich anfangen. Um Punkt 20 Uhr beginnt die Musik für den Eröffnungstanz.

In unserem Dorf sind wir gut integriert, man kennt sich eben. Am Markttag (dienstags) trifft man sich auf einen Klatsch in der örtlichen Bar/Tabac zum Kaffee oder Apéritif („on se voit mardi?" = „sehen wir uns Dienstag?") und das örtliche Patois verstehe ich inzwischen auch recht gut. Besonders genieße ich auch unser hiesiges sehr aktives Vereinsleben und dass hier noch so viel junge Leute wohnen, von denen ich durch meine politische Arbeit einige kenne und die oft auf einen Plausch an unseren Tisch kommen, wenn wir uns mal wieder alle abends in der örtlichen Bar/Restaurant treffen.

Unser ländliches Leben hier erlaubt uns viele Freiheiten, die wir woanders nicht hätten. Wir genießen den Raum um uns herum und unser kleines Dorf, in dem (fast) jeder jeden kennt.

Unsere (neue) Heimat

Das Département Deux-Sèvres, das seinen Namen nach den zwei Flüssen, die es durchqueren, erhielt, der Sèvre Niortaise im Süden und der Sèvre Nantaise, etwas weiter nördlich, liegt nur etwa 80 km von der Atlantikküste entfernt und hat daher Meerklima. Von meinem Hof sind es etwa 100 km nach La Rochelle und manchmal riechen wir förmlich die Seeluft.

Wir wohnen im Herzen der Gâtine, eines Landstrichs im Département Deux-Sèvres, geprägt von viel Landwirtschaft, Wiesen, Hecken und spezifischen, seit Generationen gleich gebauten Holzzäunen aus Nussbaumholz. Die höchste Erhebung ist der Terrier de Fouilloux mit 272 m. Überwiegend wird hier Schafzucht betrieben. Der Schafskäse (fromage de brebis) ist auch

La recette de Benoît Vandermeersch

Salade tiède d'agneau à la tomme de brebis (de Benoît)*

Coupez votre gigot d'agneau en très fines tranches, et faites-les cuire 10 minute à la vapeur.
Pendant ce temps préparez votre salade :
Détaillez le fromage en dés, égouttez les tomates et hachez-les grossièrement.
Mettez du sel, du poivre dans un saladier, ajoutez la crème et le vinaigre, mélangez, puis mettez la salade, les tomates, le fromage.
Dès que votre agneau est cuit, mettez-le dans un bol, ajoutez l'huile, le curry, salez, poivrez et mélangez délicatement.
Répartissez votre viande sur la salade et servez aussitôt.
* La tomme de brebis de Benoît est exceptionelle!

Ingrédients

(pour 6 personnes)

6 fines tranches de gigot d'agneau
1 jolie salade
1 bocal de tomates séchées à l'huile
200 g de tomme de Benoît
10 cl de crème liquide
2 cuillères à soupe d'huile d'olive
1 cuillère à café de vinaigre balsamique
Sel et poivre

eine Spezialität unserer Gegend, ebenso wie Ziegenkäse (fromage de chèvre), der „chabichou“. Und hier noch ein Rezept mit Schafskäse aus dem wunderbaren Kochbuch von Marie Eliane Pied:

Das Département ist aber nicht nur für seine Schafe, sondern auch für den Großesel Baudet de Poitou bekannt, dessen überwiegende Zucht seit Jahrhunderten in der Gegend um Melle, etwa 45 Minuten südlich von meinem Dorf stattfindet. Heute vom Aussterben bedroht, wird diese wunderbare Eselrasse mit den Rasterlocken durch ein besonderes Zuchtprogramm geschützt.

Der Baudet-Esel wird seit jeher mit Stuten der örtlichen Pferderasse Trait Poitevin gekreuzt. Die so erzeugten Mulis sind die größten ihrer Gattung und wurden früher weltweit bis hin nach Amerika für viel Geld verkauft. Aufgrund ihrer großen Kraft wurden sie zur schweren Arbeit in der Landwirtschaft, aber auch als Zugmuli für Kriegsgerät eingesetzt.

Das Kaltblutpferd Trait Poitevin stammt aus dem Marais Poitevin. Der Marais Poitevin im südlichen Teil des Deux-Sèvres ist eine künstlich angelegte Sumpf- und Kanallandschaft, auch genannt das grüne Venedig (la Venise verte). Mit seinen etwa 100 000 Hektar ist dies das zweitgrößte Feuchtgebiet in Frankreich, nach der Camargue (Wikipedia, Marais Poitevin). Hier kann man stundenlang mit einem Bötchen (=barque) unter einem von Bäumen gebildeten grünen Tunnel die Rinnen und Kanäle befahren und die herrliche unberührte Natur genießen.

Für die Arbeiten zur Trockenlegung des Sumpfes ab dem 17. Jahrhundert wurden holländische und flämische Ingenieure herangezogen, die ihre flämischen Pferde mitbrachten. Aus deren Kreuzung mit der ursprünglichen lokalen Pferderasse entstand das Kaltblutpferd Trait Poitevin, von denen einige aussehen wie übergroße Friesenpferde.

Die Nähe zu Poitiers, einer der ältesten und sehr geschichtsträchtigen Universitätsstädte Frankreichs (Heimat von Eleonore von Aquitanien, Ehefrau von Louis VII, König von Frankreich und später von Henry II, König von

England, Mutter von Richard Löwenherz) zieht Touristen an. Über die Grenzen Frankreichs hinaus bekannt ist auch der dort gelegene Futuroscope, ein enormer Freizeit-Themen-Park mit Schwerpunkt auf Technologie und visuellen Effekten, ebenso wie der schon erwähnte Puy du Fou, ein historischer Themenpark und einer der weltweit besten Freizeitparks, der nur 1,5 Stunden von hier entfernt ist.

Die Hauptstadt unseres Departements und Sitz der Präfektur ist Niort. Hierher muss man für alle größeren Verwaltungsangelegenheiten, wie zum Beispiel die Beantragung der carte de séjour (Aufenthaltsberechtigung). Wir Europäer benötigen diese carte nicht mehr, für meinen englischen Ehemann haben wir sie nach dem Brexit neu beantragt.

Die für uns nächstgelegene größere Stadt ist Parthenay. Parthenay ist die Hauptstadt der Gâtine mit einem mittelalterlichen Stadtkern und schönen Fachwerkhäusern, sehr sehenswert. Eine Etappe des Jakobsweges führte durch Parthenay. Auch unser Hof war einmal eine Station für Pilger, was die Muschelgravierungen (coquille Saint Jacques) auf unserem alten Kamin, eine alte Statue mit Muschelabzeichen und spanische Münzen aus dem Mittelalter, die wir im Garten gefunden haben, belegen.

Meine Schlagwörter für das Deux-Sèvres sind: herrliche Natur, viel Geschichte und schöne, typische Dörfer mit Charme.

Kommen Sie einmal vorbei, es lohnt sich!

Christine Höffken @ruraccom

Christel Förstl

Seit 2010 im Département Charente-Maritime (17)

Ein Traum wird wahr

Mit 17 hat man noch Träume

Bei meinem ersten Besuch in Frankreich 1971 in Issoudun/Département Indre war ich gerade mal 17 Jahre alt. Die Gastfamilie nahm mich mit so viel Herzlichkeit und Wärme auf. Geneviève, meine Gastfreundin, und ich waren sofort ein Herz und eine Seele trotz der Sprachbarriere, die ich mit reichlich gutem französischen Wein überwand. Das war der Anfang meiner Liebe zu Frankreich und meines Traumes, hier zu leben. In meiner jugendlichen Naivität wünschte ich mir, bald einen Franzosen kennenzulernen, zu heiraten, um möglichst in der Nähe meiner Freundin leben zu können.

Diese Freundschaft zu Geneviève besteht bis heute und wir haben viel miteinander erlebt, Heirat, Geburt ihrer Kinder, Enkelkinder, gemeinsame Reisen, viele Feste und und und. Der Kontakt brach nie ab und falls wir mal länger nichts voneinander hörten, ein Anruf genügte und die Verbundenheit war sofort wieder da. Doch mein Traum in Frankreich zu leben, sollte sich erst 40 Jahre später erfüllen, denn mein Weg führte mich erst einmal von Stuttgart in die Nähe von München.

2008 hatte das Leben dann etwas anderes mit mir geplant als das bis dato Gelebte. Die Jahre davor hatte ich eine kleine Eventagentur für Kleinmessen für Unternehmerinnen aufgebaut. Sie hieß „Marktplatz für Unternehmerinnen". Außerdem organisierte ich monatliche Business-Netzwerktreffen in sieben verschiedenen Orten rund um München. Zum fünfjährigen Jubiläum brachten wir das Buch „Einfach machen – Praxishandbuch für die Frau als Unternehmerin" heraus. Es sollte nun beruflich weiter bergauf gehen.

Doch es kam anders. Meine damalige Beziehung ging unschön in die Brüche. Mein privates und somit auch berufliches Leben waren nur noch ein

Trümmerhaufen. An Arbeiten war nicht mehr zu denken. Ich gönnte mir deshalb eine Auszeit zu Weihnachten 2009 an der Atlantikküste bei meinen französischen Freunden.

Genau dort fand ich meine Lebensfreude wieder. Bei einer der vielen lieben Einladungen zum Apéritif kam mir der Gedanke: Warum nicht hier leben im Charente-Maritime, in einem kleinen Häuschen am Meer zusammen mit guten Freunden? War das nicht schon vor 40 Jahren mein Traum gewesen?

Kaum ausgesprochen, saß ich am nächsten Tag im Maklerbüro und verabredete mich zu einem weiteren Besuch im März, um ein passendes Mietobjekt zu finden. Zuhause angekommen blieben mir nur wenige Monate, um alles für einen eventuellen Weggang in die Wege zu leiten.

Im März 2010 hatte ich in null Komma nichts mein Häuschen zum Mieten gefunden. Also hieß es nun wieder schnell zurück nach Bayern, Haus ausräumen, Kisten packen. Am 25. Juli 2010 war es dann so weit. Der Umzugswagen war gepackt und auf ging es in meine neue Heimat nach Rochefort sur mer in Frankreich. Dank meines Ex-Partners und des Scheiterns der Beziehung konnte und wollte ich mir nun einen Traum erfüllen, der vor 40 Jahren in Issoudun begann.

Ein oder zwei Jahre wollte ich bleiben, doch daraus wurden inzwischen zwölf. Ein Zurück nach München oder Mundelsheim, meinem schwäbischen Heimatort, kommt für mich nicht mehr in Frage. Außerdem klingt mein Name auf Französisch viel schöner als auf schwäbisch. Wenn mich jemand fragt, warum ich in Frankreich lebe, gebe ich die schöne Aussprache meines Namens Christel (Christelle) als Grund an.

Das Leben ist anders im Charente-Maritime

Ja, das Leben ist wirklich so anders und so wollte ich es auch. Ich suchte nicht das Gleiche in grün, sondern es sollte wirklich anders sein. Schon die

Bauweise der Häuser unterscheidet sich von der in Bayern. Die Häuser in dem Viertel in Rochefort, in dem ich mich niederließ, sind meist ebenerdig (heißt hier: „plein pied“), wohl ist Haus an Haus aneinandergereiht, doch im Hinterhof ist meistens ein kleiner Garten, den brauchte ich für meine Hündin Jessy.

Das erste Jahr nutzte ich, um jeden Strand (es gibt hier viele) zu erkunden. Außerdem wollte ich meine Sprachkenntnisse verbessern. Das stellte sich als die größte Herausforderung heraus. Ich war anfangs so frustriert und enttäuscht von mir. Hatte ich doch Französisch in der Schule gelernt und immer Kontakt zu meinen französischen Freunden gehalten. Aber an der Kasse im Supermarkt, beim Bäcker, auf dem Markt und insbesondere am Telefon verstand ich nur „Bahnhof“. Da hatte ich noch mächtig Arbeit vor mir.

Also meldete ich mich im September 2010 beim „forum des association“ – ein Tag, an dem sich alle Vereine den Einwohnern vorstellen – bei zwei Vereinen an. Als Netzwerkerin wusste ich, ich muss auf die Menschen zugehen, ich muss mir neue Kontakte schaffen. Und wo geht das am besten auf privater Ebene – in einem Verein.

Eine Strickgruppe beim „RERS“ – eine Art Tauschbörseverein – und eine Line-Dance-Gruppe waren meine ersten Anlaufstellen. Bei beiden musste ich nicht viel reden, nur zuhören und nachmachen. Außerdem kaufte ich auf den Flohmärkten („brocantes“), die es hier reichlich gibt, denn die Franzosen lieben Flohmärkte, Kinderbücher „j'aime lire“ u.ä mit CD. Französisch lernte ich nur durch Hören und gleichzeitig Lesen. Die Wörter klingen oft gleich, aber bedeuten etwas anderes. Ein gutes Beispiel dafür ist der Zungenbrecher. „Le vers vert va vers le verre vert.“ – heißt übersetzt „Der grüne Wurm geht zu dem grünen Glas.“ Auch heute schaue ich mir Filme oder Serien im Fernsehen immer noch mit Untertitel an. Obwohl, manchmal vergesse ich die Untertitel und bin dann erstaunt, dass ich dem Geschehen so gut folgen kann.

Bei meiner Strickgruppe erfuhr ich den neuesten Tratsch aus Rochefort. Die Damen des Strickclubs schauten damals ganz erstaunt auf meine Strickweise, denn ich benutzte Rundstricknadeln, was sie nicht kannten. Aber ich konnte sie bald vom Vorteil dieser Nadeln überzeugen und alle stricken nun damit. Auch eine Art von Kulturaustausch.

Beim Line-Dance – heißt hier: „danse de country" („kuntri" gesprochen) lernte ich außer den Tänzen auch massenhaft Sprüche und Ausdrücke. Auch damit ist die französische Sprache reichlich gesegnet. Jean Claude, unser Tanzlehrer, liebte es, mich mit seinen Sprüchen zu veralbern und ich verstand wieder mal nur „Bahnhof".

Danse de country scheint hier fast ein Nationalsport zu sein. Einmal in der Woche wird trainiert und am Samstag/Sonntag gehts auf den Ball. Auf dem Tanzparkett ist jeder passend gekleidet: Cowboyhut, kariertes Hemd und Cowboystiefel und man tanzt zur amerikanischen Countrymusik. Herrlich! Es könnte auch irgendwo im Wilden Westen Amerikas sein, wenn die Leute nicht Französisch reden würden. Später begleitete mich Johanna (eine Deutsche), die ich beim monatlichen deutsch-französischen Stammtisch kennen gelernt hatte. Auch sie war und ist begeisterte Line-Dance-Tänzerin.

Am Ende des Vereinsjahres gab es dann eine Einladung zum Picknick auf die Île d'Aix – eine kleine Insel bei Fouras, auf der vor mehr als 200 Jahren Kaiser Napoleon für einen Tag verweilte. Mein kleiner Rucksack war gefüllt mit ein paar Sandwiches und einem Getränk. Nicht so bei den französischen Teilnehmern. Bollerwagen waren vollgepackt mit Kühltaschen und Körben – wozu fragte ich mich. Das Geheimnis wurde schnell gelüftet. Das Picknick begann standesgemäß mit Apéritif, es folgte Vorspeise mit verschiedenen Salaten, dann gabs Hauptspeise gefolgt von Käse, Dessert und Kaffee. Das nenne ich Leben genießen! Da wollte ich bleiben, wo man aus einem einfachen Picknick ein Festmahl zaubert.

Nach eineinhalb Jahren beschloss ich in Frankreich und im Charente-Maritime zu bleiben und kaufte ein kleines Häuschen mit Garten im Hinterhof nicht weit von der Innenstadt Rocheforts. Ich liebe den Markt dort, der jeden Dienstag, Donnerstag und Samstag stattfindet. Anfangs war ich schnell wieder zu Hause, kaufte nur meinen Fisch, mein frisches Gemüse oder leckeren Käse. Auswahl gab es reichlich. Charles de Gaulle brachte mal den Spruch: „Wie willst du ein Land regieren, das mehr als 300 Käsesorten hat?“ („Comment voulez-vous gouverner un pays qui a plus de 300 sortes de fromages?“) Später brauchte ich für den Marktbesuch schon viel länger. Hier ein Schwätzchen, da ein „bonjour“ et „comment ça va“ und zum Abschluss noch „un café“ mit Bernard, meinem 84-jährigen Bekannten, in dessen Haus mein Frankreichabenteuer sich entschieden hatte. Einen deutschen Satz hatte er auch immer parat „Sie haben schöne blaue Augen“ und das mit seiner sonoren Gilbert-Bécaud-Stimme und alle Damen schmolzen dahin.

Nach fünf Jahren zog es mich noch näher ans Meer. Der Zufall half mit sowie meine Kontakte, die ich durch meine Tätigkeit als Deutschlehrerin beim „comité jumelage“ (Partnerschaftsverein) bekommen hatte. Ich fand auf der Halbinsel Fouras ein sehr renovierungsbedürftiges Häuschen, nur fünf Minuten zu Fuß ans Meer und nicht weit vom Zentrum. Außerdem heißt das Stadtviertel „Le paradies“ und der nahe gelegene Strand „Plage de l’espérance“ (Strand der Hoffnung), so dass ich nur kurz überlegte und das Haus war gekauft. Auch mein französischer Partner Patrick (ein sehr gängiger Name in Frankreich), den ich beim Tanzen kennen gelernt hatte, zog mit mir ein. Seit vier Jahren leben wir in unserem kleinen Paradies, auch wenn es nur halbfertig ist, was für mich als Deutsche anfangs schwer zu akzeptieren war, aber hier ist das halt so. Es wird renoviert, wenn das Geld da ist und wenn wir Lust haben. Es lebt sich gut damit.

Leben wie Gott in Frankreich

In Frankreich ist dieser Spruch unbekannt. Von Anfang an genoss ich die Einladungen zum Essen. Viele Deutsche fragen sich, wie kann man so lange essen. Das geht locker, denn zwischen und während eines mehrere Gänge umfassenden Menüs wird viel, ausgiebig und möglichst alle gleichzeitig geredet. Eine Bekannte erklärte mir mal, dass diese gegenseitigen, ausgiebigen Essenseinladungen ihre Form der Freundschaftspflege seien. Da machte ich gerne mit. Eine Besonderheit sollte man bei den Essenseinladungen beachten, zumindest bei meiner Freundin. Nach dem Apéritif, der oft im Stehen stattfindet, setzt man sich nicht einfach an den Tisch, wo man will. Nein, die Hausfrau hat sich vorher genau die Tischordnung überlegt, wer mit wem zusammensitzt und sie achtet besonders darauf, dass Ehepaare nicht nebeneinandersitzen. Sie weist dann jedem seinen Platz zu. Nur für Frischverliebte gibt's ein Jahr lang eine Ausnahme. Bei den Einladungen kommen schnell mal 15 oder mehr Gäste zusammen, deshalb ist ein großer Esstisch ein wichtiges Möbelstück in jedem französischen Haus.

Die Einladung zum Muschelessen bei Pierre, zum „éclate de moules" ist für mich ein Highlight im Sommer. Es ist eine Spezialität aus dem Charente-Maritime: Miesmuscheln werden auf einer großen, dicken Holzscheibe kreisförmig angeordnet. Natürlich helfen alle fröhlich schwatzend mit. Danach wird alles mit trockenen Piniennadeln zugedeckt und angezündet. Durch die Hitze platzen (éclater) die Muscheln auf und die verbliebene Asche wird weggewedelt. Es schmeckt so köstlich. Allerdings sollte man nichts Weißes zu dieser Einladung anziehen.

Jede französische Region hat ihre Spezialitäten. Sei es der Wein, der Käse oder etwas Süßes, aber auch spezielle Gerichte. Im Charente-Maritime gibt es einen besonderen Apéritif – den Pineau. Das ist Cognac mit rotem oder weißem Traubensaft gemischt und er wird kalt serviert. Mmh lecker! Die Stadt Cognac liegt nicht weit weg im Département Charente und es lohnt sich, die Stadt und ihre Cognac-Kellereien zu besuchen und anschließend oder davor eine Bootsfahrt auf der Charente zu machen.

Was bei keinem festlichen Essen wie Weihnachten oder Ostern oder auch Hochzeiten fehlen darf, sind die Austern aus der Region (vor der Küste hier liegen kilometerweit die Austernbänke). Man liebt Austern oder hasst sie. Da ich gerne alles probiere, habe ich am Anfang mit einer angefangen, dazu reichlich Brot und gesalzene Butter. Heute kann ich schon mal sechs davon essen. Kommt auf die Stimmung an. Natürlich gehört dann auch der passende Wein dazu. Ich vertraue da immer den Experten in der Runde.

Kleine Anekdoten

Türen schließen anders: Am ersten Abend in meinem neuen Heim wollte ich die Haustüre abschließen. Es ging nicht. Das fing ja gut an! War ich zu doof, um eine einfache Haustüre zu schließen? Anscheinend! Ich musste den Vermieter anrufen, freundlich wie er war, kam er vorbei und erklärte mir, dass man den Türgriff fest nach oben drücken muss, erst dann lässt sich die Tür verschließen oder öffnen. Wieder etwas gelernt!

Parken auf der Straße – in Rochefort gibt es wenig Häuser mit Garagen, deshalb parkt man eben auf der Straße. Allerdings musste ich lernen, dass jeden 1. und 16. des Monats die Straßenseite gewechselt wird. Anfangs vergaß ich das häufig und wurde dann von meinem Nachbarn um 9 Uhr rausgeklingelt und daran erinnert. Es war jedes Mal ein Chaos in den engen Straßen und schwer durchzukommen. Anscheinend ist dieses Parksystem ein ganz altes Gesetz in Frankreich, damit keiner benachteiligt ist.

Aufgepasst bei Backzutaten: Einmal wollte ich einen leckeren Kuchen backen mit Orangenaroma. Also kaufte ich „fleur d'orange" und war großzügig beim Dosieren. Doch der Kuchen war ungenießbar, er schmeckte seifig. Fleur d'orange ist Orangenblütenaroma und darf nur wenig dosiert verwendet werden. An dem Kuchen erfreuten sich die Hühner meiner Freundin, aber nicht meine Gäste. Gerade bei den Backzutaten musste ich mich umgewöhnen: das französische Lebkuchengewürz (pain d'épice) beispielsweise hat nicht den gleichen Geschmack wie unser deutsches.

Was ist Bärlauch auf Französisch: Gemeinsam mit Marie und Marc besuchte ich einmal meine Eltern in Mundelsheim. Meine Mutter tischte zum Mittagessen ein typisch schwäbisches Gericht, Schweinebraten mit Spätzle und Ackersalat, auf. Den Salat würzte sie mit Bärlauch, es war gerade Saison. Marc kannte das Gewürzkraut nicht und ich nicht die französische Übersetzung. Dank Google war das schnell geklärt „l'ail des ours". Ebenso ein Bild von der Pflanze war zu sehen. Mit großen Augen schauten mich Marc und Marie an, denn in ihrem Garten wächst Bärlauch in großen Mengen. Marc hielt es immer für Unkraut und mähte es regelmäßig im Frühjahr ab. Doch jedes Jahr wuchs es mehr und üppiger nach. Inzwischen decken sich alle Freunde und ich mit Bärlauch aus ihrem Garten ein.

Charente-Maritime – ein Département zwischen Land und Wasser „entre terre et mer“

Warum habe ich gerade das Département „Charente-Maritime“ ausgewählt? Natürlich war ausschlaggebend, dass ich hier schon französische Freunde hatte. Sie waren mir auch von Anfang an eine sehr große Hilfe. Erstens beim Finden meines Miethäuschen, zweitens beim Einleben in die neue Gegend, drittens bei allem Administrativen in Bezug auf Hauskauf, und ganz besonders schnell wurde ich in ihren Freundeskreis aufgenommen. Das war für den Start Gold wert.

Rochefort sur mer – mein erstes Domizil – liegt in der Flussschlaufe der Charente und ist eine Kleinstadt mit einer angenehmen Größe – etwa 35 000 Einwohner. Ein Marinehafen führte zum Wachstum der Stadt und viele Gebäude sind noch Zeugen dieser Zeit – z. B. die Corderie Royale (königliche Seilerei). Rochefort führt neben La Rochelle ein bisschen ein Schattendasein. Doch ich fand die Stadt ideal für mich. Insbesondere liebe ich den Markt und die kleinen Cafés von Rochefort. So etwas kannte ich von Bayern nicht.

Auch hat Rochefort seit dem Nachbau des Fregattenschiffes „Hermione“ an Attraktivität gewonnen. Es kommen viele Touristen in die Stadt, und die Kurgäste der Therme Rocheforts beleben den Ort ebenso.

Rochefort ist außerdem mit der deutschen Stadt Papenburg – bekannt durch die Meyer-Werft – befreundet. Es findet ein reger Austausch statt, der durch das „Comité de jumelage“ organisiert wird. Mein Deutschunterricht in dem Verein hilft hoffentlich, dass es weniger Sprachbarrieren gibt.

Von Zeit zu Zeit fahre ich in das 30 km entfernte La Rochelle. Johanna, meine deutsche Bekannte, und ich tun manchmal so als wären wir Touristen, setzen uns in eins der zahlreichen Cafés entweder am alten Hafen oder in mein Lieblingscafé, das „Café de la Paix" am Place de Verdun. Die Inneneinrichtung ist im Empirestil und so besonders – früher hatte sogar die Toilettenschüssel die Form eines antiken Löwenkopfes. Anschließend flanieren wir durch die mittelalterliche Altstadt mit den Renaissance-Bauten und den vielen Arkadengängen, die sehr praktisch bei Regen sind. Die weniger rühmliche deutsche Vergangenheit von La Rochelle kann man im Museum „Le Bunker" erfahren.

40 km südlich von Rochefort liegt Royan, ein sehr moderner Badeort. Die Stadt liegt an der Atlantikküste und der Trichtermündung des Flusses Gironde. Nach dem 2. Weltkrieg wurde sie im hypermodernen Stil aufgebaut. Nicht unbedingt mein Geschmack. Sehr zu empfehlen ist allerdings im Sommer das klassische Festival von Royan „Un violon sur le sable". In der letzten Woche des Julis finden immer drei große klassische Konzerte mit dem Philharmonieorchester von Paris am Strand statt. Eintritt ist frei, jeder bringt seinen Campingstuhl mit und natürlich sein Picknick. Ich treffe mich dort immer mit meinen Freunden (oft sind wir 15 Personen oder mehr). Und wie ich weiter oben schon beschrieben habe, wird das Picknick ausgiebig zelebriert, bis das Konzert um 22 Uhr beginnt. Der Abschluss ist immer ein riesiges Feuerwerk passend zu den Klängen der Musik. Wirklich beeindruckend und ein unvergessliches Erlebnis. Royan ist auch Ausgangspunkt der Fähre über die Gironde auf die Halbinsel Médoc, eine der bekanntesten Weinbauregionen der Welt. Es lohnt sich, mit der Fähre überzusetzen und entlang den berühmten Weinbergen und den bekannten Schlössern bis nach Bordeaux zu fahren. Diese Fahrt bekam ich von Johanna und ihrem Mann vor einigen Jahren zum Geburtstag geschenkt und seitdem ist sie fester Bestand in meinem Sightseeing-Repertoire für meine Besucher aus Deutschland.

Mein jetziges Zuhause ist Fouras, das mit seinen fünf Stränden auf einer Halbinsel liegt. Vor der Halbinsel liegt die Festung Fort Boyard zwischen den Inseln Île d'Aix und Île d'Oléron. Heute dient die Festung nur noch als

Kulisse für eine Spielshow, ähnlich wie das Dschungelcamp. Im Winter ist Fouras ein verschlafenes Städtchen von etwa 4 000 Einwohnern, doch im Sommer sehr gut besucht mit mehr als 40 000 Touristen. So habe ich beides – Ruhe im Winter und Trubel im Sommer.

Es gibt hier noch so viel zu entdecken. Mal ein Ausflug auf die Île Madame, die nur bei Ebbe zu Fuß oder mit dem Auto zu erreichen ist. Oder auch die anderen Inseln Île de Ré – mit ihren mondänen Städtchen La Flotte oder Saint Martin (das Saint-Tropez am Atlantik) – und die zweitgrößte Insel Europas Île d'Oléron, ihr Beiname ist Mimoseninsel, weil im Frühjahr dort die Mimosenbäume üppig blühen.

Auch wenn meine Freundin mir abgeraten hatte, nach Fouras zu ziehen, weil es im Winter wie tot sei, habe ich es nicht einen Tag bereut. Das Vereinsleben ist hier sehr rege und vielfältig. Mein Partner Patrick und ich engagieren uns im Verein „Cap Retraite Océane", der viele verschiedene Angebote für Rentner bietet wie z. B. Wanderungen, Radtouren, Theatergruppe, Karten spielen, einen Chor und natürlich regelmäßige Festessen. In diesem Verein haben wir schnell Anschluss gefunden. Insbesondere während der Pandemie vertieften sich diese Freundschaften. Ich organisierte Apéritifs online und jedes Pärchen hatte seinen Apéritif mit Häppchen vor sich und es fehlte uns nie an Gesprächsstoff. Das war ein Spaß und tat gut in dieser herausfordernden Zeit. Als dann wieder gegenseitiges Besuchen möglich war, eben mit beschränkter Teilnehmerzahl, organisierten wir Spielenachmittage. Mir wurden die französischen Kartenspiele „La Belote" und „Tarot" beigebracht. So konnten wir der Pandemie etwas Gutes abgewinnen.

Ich fühle mich gut integriert und angekommen in Fouras und somit auch in Frankreich. Ich verschwende keinen Gedanken mehr an eine Rückkehr nach Deutschland. Mein Platz ist hier.

Vor fünfzig Jahren habe ich davon geträumt, in Frankreich zu leben, nun lebe ich diesen Traum und es hat sich das erfüllt, was ich wollte. Es passt!

Renate Reuter

Aus Versailles
Seit 2014 im Département (78) Les Yvelines

Frankreich lieben und bleiben

Wie alles begann

„Was würdest du davon halten, wenn ich mich auf eine freie Stelle in Paris bewerben würde?“ – „Super, ich will eh nicht mehr arbeiten, verkaufe mein Haus und komme mit.“ Wir saßen in einem kleinen Restaurant in meinem Wohnort in der Nähe von Köln, als ich es endlich wagte, die Frage zu stellen, denn ich hatte befürchtet, dass er die Idee nicht so gut fände. Wir waren erst seit anderthalb Jahren ein Paar, wohnten 70 km voneinander entfernt und verbrachten die Wochenenden miteinander. Ich hatte nach meiner Scheidung eine neue Vollzeitstelle, endlich das Tennisspielen angefangen, einen Fallschirmsprung gewagt, die Leidenschaft fürs Wandern und meine Abenteuerlust entdeckt. Und ich hatte Dieter kennengelernt. Mit ihm lief ich meine ersten Halbmarathons, wir überquerten zweimal mit dem Rad die Alpen und erklommen Berge. Die Kinder waren aus dem Haus, der Ex in Amerika und die Hunde bei meiner Schwester. Jetzt sollte es also ins Ausland gehen, und ich fand es super spannend.

Als ich die Zusage für die Stelle in Paris bekam, verkaufte Dieter also sein Haus, während ich noch zögerte. Ich wollte meinen erwachsenen Kindern ihr Zuhause, in dem sie groß geworden waren, nicht nehmen, auch wenn sie nicht mehr dort wohnten, und so wurde es nur untervermietet.

Zunächst war der Ortswechsel für drei Jahre geplant. Es wurde auch nicht Paris, sondern Versailles, da wir nach einer kurzen Besichtigung die Wohnung meiner Vorgängerin übernahmen, die eben nicht, wie fast alle meine Kolleginnen und Kollegen in Paris wohnte.

So schnell hatte noch keiner eine Wohnung gefunden, sagte man mir später. Der Umzug verlief problemlos, außer dass vom Umzugsunternehmen vergessen wurde, einen freien Parkplatz für den Umzugswagen bei der Mairie (Rathaus) anzumelden. Außerdem werden in den großen Städten fast alle Sachen über einen Außenaufzug in die Wohnungen transportiert, und bei dem Klavier hatte ich schon etwas Sorge, ob es das alles ohne Schaden überstehen würde. Aber alles klappte prima. Die Wohnung war wirklich sehr schön. Sie lag nur fünf Minuten vom Versailler Schloss entfernt, und auch der Bahnhof war nicht weit. Ich war eine längere Anfahrt zur Arbeit gewohnt, und die tägliche halbstündige Fahrt nach Paris mit dem Vorortzug RER machte mir nichts aus. Dafür genossen wir die Vorteile, „im Grünen" zu wohnen. Jeden Tag am Denkmal von Louis XIV mit Blick auf das Schloss und dem wunderschön restaurierten goldenen Dach der Schlosskapelle vorbeizukommen, später die Seine zu überqueren und den Eiffelturm zu sehen und am Ende ein Stück über die Champs-Elysées zu bummeln, hatte schon was. Manchmal nehme ich für die 19 km auch das Fahrrad, weil die Strecke fast nur durch Wald und Parks führt. An das Radfahren in Paris musste ich mich erst gewöhnen (vor allem den Kreisverkehr, um den Arc de Triomphe zu überleben), aber da hat sich in den letzten Jahren viel getan, und es gibt sogar auf den Champs-Elysées einen von der Fahrbahn abgetrennten Radweg.

Bei allen administrativen Angelegenheiten, wie Bankkonto eröffnen, Wohnungsversicherungen und Telefonverträge etc., abschließen, half mir meine Kollegin. Es hat mich erstaunt, dass es im Land des „Savoir Vivre" so viele administrative Hürden zu meistern gilt. Ein Bankkonto bekommt man in der Regel nur mit einer französischen Adresse und eine Wohnung nur mit einem französischen Bankkonto.

Hier einige Dinge, an die ich mich besonders gewöhnen musste: An der Ampel geht man über die Straße, wenn sie frei ist, egal ob es rot oder grün ist. Auch als Fahrradfahrerin werde ich von den anderen schräg angeschaut, wenn ich an einer roten Ampel brav anhalte (was bei mir jetzt auch schon immer weniger vorkommt).

Man springt in letzter Minute in die Metro, auch auf die Gefahr hin, dass man in den automatischen Türen eingeklemmt wird, denn die nächste Bahn kommt ja erst eine Minute später. Auf der Rolltreppe steht man immer rechts und lässt die schnelleren links vorbeigehen. Wer links steht, ist Tourist. Man zahlt oft noch mit Scheck (z. B. Handwerker- und Arztrechnungen oder sogar im Supermarkt). Das ist wirklich etwas, was es in Deutschland so seit vielen Jahrzehnten nicht mehr gibt.

Um die Ecke von meiner Wohnung gab es eine kleine Straße mit gemütlichen Restaurants, und ich habe auch in vielen anderen Straßen von Versailles immer ein Urlaubsgefühl, da die Menschen draußen vor den zahlreichen kleinen Restaurants und Brasserien sitzen und es sich gutgehen lassen (wie natürlich in Paris auch). Zu erwähnen sei das kleine China-Restaurant, in dem Froschschenkel (eine französische Spezialität) angeboten werden, die ich aber nie probiert habe.

Versailles ist für mich eine sehr französische Stadt, vielleicht etwas weniger laut und hektisch als Paris, mit sehr schönen Alleen und Gebäuden, zahlreichen kleinen Geschäften, einem wunderschönen Markt, dem Marché Notre Dame, den es schon zu königlichen Zeiten gab und der zu den schönsten Märkten der Île-de-France gehört. Ich habe mich sofort dort sehr wohl gefühlt. Auch die vielen Touristen beeinflussen das Stadtleben wenig, da die Mehrzahl aus Paris für eine Tagestour anreist, um das Schloss und die Gärten zu besichtigen und nicht die Stadt.

Alles ist natürlich royal und hat eine königliche Geschichte. Das Schloss, seine Gärten mit den unterschiedlichen Springbrunnen und der weitläufige Park sind sehr sehenswert. Ich bin Mitglied im Verein „Amis de Versailles (Freunde von Versailles)“ und habe damit freien Eintritt (ohne Schlange zu stehen), und bei jeder Besichtigung entdecke ich etwas Neues.

Ankommen

Nach dem Umzug fand ich einen kleinen Chor, der mich herzlich aufnahm. Ich hätte nicht gedacht, dass das musikalische Vokabular so unterschiedlich ist. Die Notenschrift ist international, aber um darüber reden zu können, muss man die französischen Bezeichnungen lernen (z. B. heißt die Viertelnote „Noir“, die Halbenote „Blanche“ und natürlich die Notennamen statt „c d e f g a h c“ „do re mi fa sol la si do“ und vieles mehr).

Nun ist es so, dass ich beruflich den ganzen Tag fast immer nur Deutsch spreche. Darum frischte ich mein verstaubtes Leitungskursschulfranzösisch mit Kursen in der Sprachschule „Alliance Française“ in Paris auf, die nicht weit vom „Jardin du Luxembourg“ liegt. In Rollenspielen lernte ich in einer internationalen Gruppe Grammatik und Alltagssituationen zu meistern. Als Erstes mussten wir übrigens einen Beschwerdebrief verfassen, da man das immer brauchen würde. Unsere Lehrerin zeigte uns außerdem bei einem Rundgang ihre Lieblingsecken von Paris.

Die größten Schwierigkeiten mit der französischen Sprache hatte ich am Telefon. Wenn ich meinen Gesprächspartner nicht sah und er begann, schnell etwas runter zu rattern, war ich verloren. Auch jetzt noch verstehe ich nicht alles, wenn mir jemand wieder mal einen neuen Telefon- oder Stromvertrag verkaufen möchte. Und Filme schaue ich mir oft noch mit französischen Untertiteln an.

Die Sprache ist der Schlüssel zur Integration, und ich finde es immer noch unbefriedigend, wenn ich mich nur mit einem begrenzten Wortschatz ausdrücken kann. Es gibt so viele Feinheiten, und ich möchte mich nicht immer nur auf einfache Worte beschränken. Natürlich mache ich automatisch Fortschritte, aber es dauert. Es hilft, viele französische Kultfilme zu schauen (sowieso ein Muss, wenn man die von den Franzosen häufig genutzten Sprachwendungen verstehen möchte, die immer wieder in einer Unterhaltung fallen und auch, um den französischen Humor zu verstehen).

Später fand ich es an der Zeit, mich mit richtigen Einheimischen unterhalten zu können. Ich meldete mich bei einem Speak-Dating des Goethe-Instituts in Paris an und fand dort eine Gesprächspartnerin, mit der ich mich regelmäßig verabredete, um jeweils die Hälfte der Zeit miteinander nur Französisch oder nur Deutsch zu sprechen. Da hatten wir beide etwas davon, denn sie besuchte einen deutschen Sprachkurs, und wir wurden gute Freundinnen.

Nach einem Jahr stellte ich Dieter erneut eine Frage: „Was würdest Du davon halten, wieder allein nach Deutschland zurückzugehen (Die Gründe dafür führe ich nicht weiter aus). Okay, das war nicht so super für ihn, und er war nicht sofort einverstanden, aber später war er, glaube ich, ganz froh, wieder in einem Land zu sein, wo er sich verständigen und auch einer Beschäftigung nachgehen konnte. Ich dagegen wollte von Anfang an die Zeit in Frankreich in vollen Zügen genießen, Land und Leute kennenlernen und vor allem auch in die Kultur eintauchen. Als er einsah, dass ich es wirklich ernst meinte, verließ er Frankreich, und der Umzug seiner Möbel fand später statt. Die Umzugsleute fragten mich beim Einpacken, warum ich schon wieder nach Deutschland zurückzog, und ich antwortete: nicht ich, nur die Möbel.

Ich hatte jetzt noch mehr Freizeit und schloss mich einem französischen Wanderverein an (Versailles Randonnées), da man beim Gehen immer schnell ins Gespräch kommt (was beim Chorsingen ja nur in den Pausen möglich ist).

Wir wandern vor allem im Westen von Versailles, im Departement Les Yvelines, wo es Wälder, Felder und schöne kleine Dörfer mit alten romanischen Kirchen gibt. Was man auch überall findet, sind die alten „Lavoirs" (Waschplätze), die außerdem den Vorteil haben, dass sie ein Dach für die Mittagspause bei Regen bieten. Übrigens gehört zum „pique-nique" auch häufiger mal ein Gläschen Rotwein oder Porto, und man kennt nicht die Pausenstulle, sondern es werden meist zubereitete Salate, oft auch Tabulé (libanesischer Bulgursalat) gegessen und Sandwichs (belegtes frisches Baguette). Wir unternehmen auch Wochenendtouren und Schneeschuhwanderungen, und ich lerne dadurch viele schöne Gegenden kennen. Was ich schätze, sind die Nachtzüge. Man steigt abends am Gare d'Austerlitz ein, schläft ganz komfortabel und kommt ausgeruht am nächsten Morgen mitten in den Alpen an. Und die Preise sind viel günstiger als bei der Deutschen Bahn, vor allem, wenn man früh bucht.

Das Wanderwegenetz ist im Gegensatz zu Deutschland immer einheitlich markiert. Die GR (Grandes Randonnées) durchziehen ganz Frankreich. Es gibt daneben die PR mit gelben Markierungen, die, wie eigentlich jeder glaubt, nicht „Petites Randonnées“ heißen, sondern „Promenades et Randonnées“, um das mal klarzustellen. Die Wanderwege werden sehr gut gepflegt, und wenn man den rotweißen Markierungen folgt, kann man sich eigentlich nicht verlaufen. Dazu gibt es ein einheitliches Kartensystem IGN vom staatlichen „Institut Géographique National“ und natürlich Apps. Die bekannteste ist Visorando. Es gibt wunderschöne Wanderrouten. Ich habe die Cevennen auf dem „Chemin de Stevenson“ durchquert, den der Schriftsteller Robert L. Stevenson mit der Eselin „Modestine“ erwanderte und in seinem Buch „Reise mit dem Esel durch die Cevennen“ beschreibt. Es gibt den legendären GR20 auf Korsika und den GR10 in den Pyrenäen, der den Atlantik mit dem Mittelmeer verbindet. Nicht zu vergessen sind die vier Jakobswege, les Chemins de Saint Jacques de Compostelle, fast ein Muss für jeden französischen Wanderer. Und es werden auch immer wieder neue Routen kreiert, z. B. anlässlich der kommenden Olympischen Sommerspiele der GR75, ein 50 km langer Wanderweg rund um Paris. Er heißt auch GR Paris 2024.

L'AMOUR

Ich lernte Philippe beim Wandern kennen, der sich mit mir verabredete, um mir sein Versailles zu zeigen. Er hatte mal in Bayern das Schloss Herrenchiemsee besucht, das von Ludwig II nach dem Vorbild des Versailler Schlosses erbaut wurde, und wir kamen dadurch ins Gespräch. Wir verabredeten uns auf ein Bier, und ich wollte eigentlich nur, wie beim Speak-Dating auch, Französisch lernen. Eine Beziehung in Frankreich kam für mich nicht in Frage, weil meine Zeit ja vertraglich begrenzt war. Aber „c'est la vie“ und „c'est l'amour“: wir kamen doch zusammen und wollten einfach eine schöne Zeit miteinander haben nach dem Motto „Vivre le moment présent“. Mit ihm konnte ich meine Französischkenntnisse intensiv vertiefen, da er überhaupt kein Deutsch spricht. Seine wenigen deutschen Vokabeln stammen übrigens aus zahlreichen Kult-Nachkriegsfilmen. Sein französisches „Je t'aime“ klingt viel zärtlicher als sein deutsches „Ich liebe dich“ im Kommandoton.

Über französische Freizeitgestaltung konnte ich mich ab dann nicht mehr beklagen. Übrigens trinkt Philippe gar kein Bier und mag auch keinen Wein, was schon sehr ungewöhnlich ist für einen Franzosen. Ich habe in Deutschland auch kein Bier getrunken (höchstens Kölsch beim Kölner Karneval, was bei richtigen Bierkennern aber nicht als Bier durchgeht), aber in Frankreich gehen eigentlich alle davon aus, dass man als Deutsche immer Bier trinkt (und immer Sauerkraut isst), und jetzt bestelle ich in geselligen Runden ab und an ein „Panaché", Bier mit Limo wie das „Radler" oder ein „Monaco", Bier mit süßem Sirup, und immer öfter, ich gebe es zu, auch ein „Blanche", weil es gar nicht so schlecht schmeckt. Ja, und oft wird auch Champagner getrunken. Stilles (Leitungs-)Wasser gibt es in jedem Restaurant zum Essen gratis (man bestellt eine „Carafe d'eau"). Ich habe das mal in Düsseldorf versucht, aber der Kellner war nicht so begeistert.

La Famille

Natürlich ist erstmal das Familienessen ganz anders. Wenn wir uns treffen, gibt es zunächst einen Apéro (ich liebe ihn) mit einem Likör oder anderem Alkohol und Chips, Fingerfood und Snacks.

Nach dem Apéro, wenn ich eigentlich schon satt bin, kommt die Vorspeise (Entrée). Das ist kein Salat, denn der wird erst nach dem Hauptgang zum Käse gereicht. Beim Weihnachtsessen gibt es oft Foie Gras (Gänseleberpastete und oh je, die armen Tiere ...). Oft wird zu jedem Gang ein anderes Getränk gereicht, und der Champagner zum Nachtisch ist mir schon fast zu viel. Auch Jakobsmuscheln gehören zu jedem Festessen dazu. Ich erinnere mich, dass ich eine leere Muschel auf den bretonischen Glénan-Inseln im Sand fand. Es war bis dato die schönste Muschel, die ich jemals gefunden hatte, und ich war furchtbar traurig, als ich auf dem Schiff bemerkte, dass ich sie verloren hatte. Später fand ich sie in Massen auf dem Versailler Markt. Käse darf natürlich nach dem Hauptgang auch nicht fehlen. Philippe findet es übrigens ganz komisch, dass Deutsche Käse und Wurst zum Frühstück essen. Austern habe ich natürlich auch probiert, und sie schmecken in einem

Restaurant am Meer direkt neben den Austernbänken mit einem Glas kühlen Weißwein am besten.

Weihnachten ist das Fest des Familienessens, Silvester eher eine Feier mit Freunden, und Ostern gibt es Lamm, und die Ostereier werden von den „Cloches de Pâques“, den Glocken von Rom gebracht.[1]

Wir feierten die Hochzeit von Philippes Nichte, und mir fiel als größter Unterschied zu Deutschland die Hochzeitstorte auf. Es wurde eine traditionelle „Croquembouche“ serviert, die aus aufeinandergetürmten kleinen mit Vanillecreme gefüllten Windbeuteln besteht, zusammengehalten durch eine dicke Karamellschicht. Die Torte hat die Form einer 50 cm hohen Pyramide, und die Stücke sind wahrhaft leckere „Plombenzieher“.

Wir nahmen dann später an einem „Baptême civil“, einer zivilen Taufe teil, die in der Mairie (Rathaus) stattfand. Diese Art der feierlichen Benennung von Paten gibt es als Folge der Trennung von Kirche und Staat in Frankreich seit Ende des 18. Jahrhunderts.

Zum Leben gehört das Sterben, und ich nahm auch an einer Trauerfeier in einem großen Krematorium teil, wo die Verwandten nach der Zeremonie auf Wunsch die Möglichkeit hatten, über einen Bildschirm die Einäscherung zu verfolgen. Das wollte aber niemand.

Bei einem Ausflug in die Normandie fiel mir ein Feld auf, ein Drohnenflugplatz, von dem man seine sterblichen Überreste mittels einer Drohne über der Bucht von Saint Malo verstreuen lassen konnte. Es ist in Frankreich erlaubt, die Asche Verstorbener in der freien Natur zu bestatten. Wenn man es beim Bestatter angibt, bekommt man die Urne dafür einfach mit nach Hause. Die Erben müssen sich nur einigen, wer sie mitnimmt. Für mich ist der Gedanke, in der Natur verstreut zu werden, auf jeden Fall schöner, als

1 Das sind die Kirchenglocken, die der Legende nach am Karfreitag nach Rom fliegen, deshalb hört man kein Glockengeläut in dieser Zeit. Am Ostersonntag kehren sie zurück, und auf dem Weg lassen sie die Ostereier für die Kinder fallen.

auf einem französischen Friedhof in einem der Beton- oder Marmorgräber zu landen.

Musique

Philippe und ich besuchten viele Konzerte von Tribute-Bands (Coverbands), und ich bekam Playlists überspielt mit allen wichtigen französischen Sängerinnen und Sängern, allen voran Johnny Hallyday, aber auch Jean-Jacques Goldman, Michel Sardou und Michel Berger, um nur einige zu nennen, deren Namen und Musik ich vorher nicht kannte. Ich packte mir mal beim Pariser Halbmarathon die französische Playlist auf die Ohren, und bei meinem Zieleinlauf lief gerade das von Jane Birkin und Serge Gainsbourg gehauchte „Je t'aime … moi non plus". Das passte zwar nicht so richtig zur Situation, aber immer, wenn ich es jetzt höre, denke ich an diesen besonderen Moment.

Natürlich gibt es Musik, mit der wir beide groß geworden waren, wie die Beatles, Queen und Abba. Viele andere Titel kenne ich im englischen Original, während Philippe nur die französische Version kennt. Das hätte ich niemals erwartet, und ich fühlte mich bei Feiern mit Tanz auf einen anderen Stern versetzt. Wie kann es sein, dass zwei Nachbarländer so unterschiedliche Disco- und Popvergangenheiten haben, wo doch England um die Ecke ist und wir uns früher doch schon so international fühlten. Man kann Erinnerungen und Gefühle, die mit Musik und früheren Fernseherlebnissen verknüpft sind, nicht nachholen. Bei einem Sommerfest der Stadt trat ein Sänger im knallblauen Anzug auf, und ich wähnte mich auf einer Karnevalsveranstaltung, da das sogar teilweise verkleidete Publikum mittanzte und lauthals sang. Ich kam mir vor wie eine Außerirdische. Es handelte sich um den Entertainer Patrick Sebastien, der vor allem bekannt ist aus seinen Samstagabend- und vor allem Silvestershows. Für mich war er so eine Art Thomas Gottschalk, nur singend. Aber Franzosen können auch nichts mit Udo Jürgens und Helene Fischer anfangen. Diese Kollektiverinnerungen sind nicht nachholbar und man fühlt sich unweigerlich ausgeschlossen. Aber das Gefühl kannte ich auch aus Deutschland, als ich als gebürtige Hamburgerin das erste Mal am rheinischen Karneval teilgenommen hatte. Bei der ersten Karnevalssitzung war ich dankbar, dass es Tuschs gab, weil ich dann wusste, dass man lachen musste. Ich war der rheinischen Mundart nicht mächtig und verstand rein gar nichts. Zwanzig Jahre später bekam ich zum Geburtstag immerhin von Freunden ein „rheinisches Sprachdiplom" überreicht. Da habe ich hier in Frankreich ja noch etwas Zeit ...

Sport

Wir besuchten ein wichtiges Rugby-Spiel (ausgesprochen in Französisch „Rügbi") in einer großen Arena, und dieser Sport ist mir nach wie vor ein Rätsel, aber die Franzosen lieben ihn.

Da Philippe begeisterter Badmintonspieler ist, habe ich mich natürlich auch im Verein angemeldet und versuche seit mehreren Jahren über den Leistungsstand einer Federballspielerin hinauszukommen. Ich befürchte, es wird mir genauso wenig gelingen, wie eines Tages fehlerfrei und ohne zu überlegen Französisch zu sprechen.

Bleiben

Es gefiel mir so gut in Frankreich, dass ich um Verlängerung meines Vertrages bat und anfing, längerfristig zu planen. Da es nicht sicher war, ob ich länger entsandt bleiben könnte und die Mieten in Paris oder Versailles unbezahlbar sind, dachte ich an einen Kauf. In Frankreich kauft im Gegensatz zu Deutschland fast jeder, und man bekommt relativ einfach mit Vorlage eines unbefristeten Arbeitsvertrages einen Kredit (sogar als Ausländerin). Nur das Alter spielt eine Rolle, weil man zusätzlich eine Lebensversicherung abschließen muss (die ab 60 teuer werden kann). Ich hätte außerdem mein Haus in Deutschland aufwendig renovieren lassen müssen, um es weiterhin gut vermieten zu können, und auf die Entfernung erschien es mir zu schwierig. So entschloss ich mich, es zu verkaufen, um eine Wohnung in Versailles zu erwerben.

Es war erstmal nicht so einfach, das Passende zu finden, da man für den Preis einer Doppelhaushälfte in einer deutschen Kleinstadt gerade mal 30 Quadratmeter in Paris oder 35 in Versailles bekommt. Ich fand nach längerem Suchen und einem zusätzlichen Kredit doch eine kleine schöne Wohnung im Zentrum von Versailles, und es war im Großen und Ganzen nicht wirklich schwierig, Eigentümerin zu werden.

Bemerkung am Rande: Der Kaufvertrag wurde auf meinen Mädchennamen ausgestellt, weil der gilt und man in Frankreich den Ehenamen normalerweise nach einer Scheidung wieder abgibt. Was mich besonders aufregt, ist die Tatsache, dass man das Einverständnis des anderen Partners benötigt (oder ein Gerichtsurteil), um den Ehenamen weiterführen zu können.

Der Verkäufer ist verpflichtet, ein ausführliches Gutachten über den Zustand der Immobilie vorzulegen, und man weiß genau, ob die Elektrik Mängel aufweist und Risiken wie Asbest, Termiten, Erdbeben und Überschwemmungen bestehen. Man kauft also keine „Katze im Sack", und jeder kann ohne Mehrkosten einen eigenen Notar beauftragen, der das alles überprüft. Was anders als in Deutschland ist, sind die langen Bearbeitungszeiten (Bankfristen bei Kreditvergabe, Vorkaufsrecht der Mairie). Ich bekam die mündliche Zusage der Maklerin im Oktober, und die Unterschrift des Kaufvertrages mit Schlüsselübergabe erfolgte Ende Februar. Mein Haus in Deutschland dagegen war innerhalb eines Monats verkauft und übergeben.

Mein Versailles

Es gibt eine französische Redewendung, die kürzlich auch wieder in einem Werbespot über den Stromverbrauch verwendet wurde: „C'est pas Versailles ici" (Das ist hier nicht Versailles). Die Stadt des Sonnenkönigs wird noch immer mit Reichtum und Verschwendung gleichgesetzt, und Versailles gehört zu den wohlhabenderen Vorstädten (Banlieues) von Paris. Das Vorurteil besagt, dass die typische Versailler Familie reich, konservativ und katholisch ist und mindestens vier ausgesprochen brave Kinder hat, die am Wochenende mit kurzen Hosen und Kniestrümpfen (sogar im Winter) in

Pfadfindergruppen (Scouts) Hütten im Wald bauen. Sie bewohnt eine große Altbauwohnung in der Stadt oder eine herrschaftliche Villa, und die Kinder besuchen eine der guten und traditionsreichen Schulen. Vorurteile hin oder her. Ich für meinen Teil habe bisher nur freundliche und nette Versailler kennengelernt, die keinesfalls abgehoben oder hochnäsig waren. Es gibt auch Gegenden mit sozialem Wohnungsbau, zu der jede Stadt verpflichtet ist. Bemerkenswert ist, dass auch diese Viertel Sehenswürdigkeiten zu bieten haben, weil sich dort z. B. Streetartkünstler mit wunderschönen Fassadenkunstwerken verewigt haben. Es handelt sich keinesfalls um Problemviertel, die man durchaus um Paris herum findet, und wohin man sich nicht verirren sollte, weil es wirklich gefährlich werden kann.

Als der Sonnenkönig Louis XIV im 17. Jahrhundert das kleine Jagdschlösschen 20 km vor den Toren von Paris auf den windigen Hügeln von Versailles in ein imposantes Schloss und Zentrum der Macht verwandeln ließ, konnte er nicht ahnen, dass 100 Jahre später sein Ururenkel Louis XVI und dessen Gattin Marie-Antoinette ihre Köpfe durch die inzwischen erfundene Guillotine verlieren sollten. In Versailles kann man die „Salle du Jeu de Paume“ besichtigen, eine historische Sporthalle, in der der Ballhausschwur den Beginn der französischen Revolution einläutete. Beim „Jeu de Paume“ handelt es sich um einen Vorläufer des Tennisspiels.

Wenn man ausreichend Zeit mitbringt, sollte man unbedingt den Hameau de la Reine besuchen, ein kleines Fantasie-Dorf nach Bauart der Normandie, das sich Marie-Antoinette im Schlosspark errichten ließ, mit Liebestempel und Grotte für Stelldicheins mit dem Geliebten. Da Philippe in der Nähe des Parks aufgewachsen ist, kennt er einige Stellen, wo man in den Park hineinkommt, ohne durch den offiziellen Eingang zu müssen. Einmal zeigte er mir eine Mauer, an der wir versuchten, hochzuklettern, um in den Park zu gelangen. Es macht ja manchmal einfach Spaß, etwas Verbotenes zu tun. Plötzlich kamen Leute vorbei, die uns sahen und ich fühlte mich ertappt und rief als brave Deutsche, dass ich eine Jahreseintrittskarte sogar für zwei hätte. Sie wollten uns aber nur ihre Hilfe anbieten, da ich etwas ungelenk an der Mauer hing. Für die Kinder damals war der Schlosspark ein großer Spielplatz, und der Park war immer zugänglich. Als ihn im Dezember

1999 der Orkan Lothar verwüstete (18 500 Bäume wurden entwurzelt und 30 000 mussten gefällt werden), wurde der Hameau de la Reine für zehn Jahre geschlossen. Nach der Wiedereröffnung wurde für die Gärten Eintritt verlangt. Der Park kostet nichts, wird aber abends geschlossen. Ich mag vor allem die hinteren Ecken und kleinen Nebenwege abseits der großen Alleen direkt am Grand Canal. Und wenn ich wirklich meine Ruhe haben möchte, besuche ich das weitläufige Arboretum, das an den Park grenzt. Dort findet man wunderschöne alte Bäume in Themenbereichen aus aller Welt.

Im Küchengarten des Königs, dem „Potager du Roi" werden noch immer Spalierobst und alte Gemüsesorten angebaut, und morgens muss man vor dem angeschlossenen Laden Schlange stehen, um noch etwas vom frisch geernteten Obst und Gemüse zu ergattern. Immerhin gibt es 160 verschiedene Apfel- und 140 Birnensorten. Ich bin Mitglied eines Vereins, der bei lokalen Bauern die Produkte bezieht und seinen Obst- und Gemüsestand auf dem Gelände hat. Ich bestelle vorab am Wochenende und hole die Sachen später dort ab, und es ist immer auch etwas aus dem königlichen Gemüsegarten dabei (der Mangold ist wirklich zu empfehlen).

Im Juni gibt es alljährlich den „Mois Molière", ein Musik- und Theaterfestival, das seit seiner Gründung 1996 jährlich viele Besucher anzieht. Es findet in den Straßen, Parks, Theatern und historischen Orten von Versailles statt. Alle Vereine, Theatergruppen, Chöre, Musikensembles können daran teilnehmen, und der Eintritt zu den Veranstaltungen ist oft frei. Auch mein Chor veranstaltet in diesem Rahmen immer ein Konzert.

Wer heute im Schloss von Versailles königlich wohnen möchte, kann ein Zimmer im erst kürzlich neu eröffneten „Airelles Château de Versailles, Le Grand Contrôle" mieten, das zu einem majestätischen Übernachtungspreis von 1 700 € bis 12 000 € (pro Nacht) zu haben ist und stilvolle Bedienung und ein prunkvolles Himmelbett mit Aussicht auf die Orangenbäumchen der Orangerie bietet. Immerhin ist das Frühstück inklusive.

Philippe und ich überlegen, ob wir unsere retraite (Rente) irgendwo anders in Frankreich verbringen oder wenigstens, wie so viele in Paris, ein Maison secondaire (Zweithaus) erwerben wollen. Aber die Auswahl ist einfach zu groß. Soll es der Süden sein, da dort viel öfter die Sonne scheint? Oder die Bretagne, weil die Küste spektakulär ist und ich alle Bücher von Jean-Luc Banalec gelesen habe? Dort halten sich immerhin die Touristenströme im Gegensatz zur Côte d'Azur in Grenzen. Aber dort regnet es zu oft, findet Philippe. Die Mittelmeerküste sei unbezahlbar, im Sommer zu heiß und zu voll und im Winter tot und voller Rentner (habe ich so gehört). Gegen Nizza mit seinem italienischen Flair hätte ich aber nichts einzuwenden. Die Calanques bei Marseille sind malerisch und zum Wandern herrlich, (die habe ich übrigens auch schon durchwandert), und im Fußballstadion waren wir auch. Oder doch lieber die Haute Provence, um in den nahen Bergen wandern zu gehen? Aber das könnte man auch in den Pyrenäen. Die Normandie ist nicht weit von Paris und noch günstig. Aber da regnet es auch, sagt Philippe. Oder lieber das Baskenland, Biarritz oder die Dordogne, wo man super paddeln kann, genauso wie auf der Ardèche? Wer die Wahl hat, hat die Qual ...

Es ist noch etwas hin, und ich bin sicher, dass wir etwas Schönes finden werden. Oder auch nicht, denn in Versailles lebt es sich doch sehr gut. On verra, man wird sehen ...

Stephanie Gietmann-Baar

Seit 2017 im Département Aude (11)

Wie ich nach Frankreich kam

Ich bin in vielen Bereichen des Lebens ein Spätzünder, obwohl ich einen Monat zu früh auf diese Welt kam. Es war ein ungewöhnlich heißer Monat September in Nürnberg, wo ich geboren wurde. Vielleicht habe ich schon damals meinen Traum vom Süden in die Wiege gelegt bekommen. Urlaub war für mich und meine Familie schon immer, in den Süden zu fahren, damit wenigstens die zwei bis drei Wochen im Jahr das Wetter durchgehend schön war.

Aber von Anfang an:

Den ersten Kontakt mit Frankreich und der französischen Sprache hatte ich schon als Kind. Ich war von klein auf musikbegeistert und hörte unter anderem sehr gerne französische Chansons, die in den 70-er Jahren noch oft bei uns im Radio zu hören waren. Die markante Stimme von Gilbert Bécaud hatte es mir besonders angetan. Später in der Schule entschied ich mich für Französisch als zweite Fremdsprache. Dies schien mir verlockender und lebendiger als Latein, die tote Sprache. Ich hatte das Glück an einem Schüleraustauschprogramm teilnehmen zu können und kam mit etwa 14 Jahren das erste Mal für zehn Tage nach Frankreich, in die Nähe von Paris. Zu dieser Zeit war mein Sprachschatz noch sehr begrenzt, um nicht zu sagen kaum vorhanden, genauso wie der meiner Mitschüler und französischen Austauschschüler. Deutsch hat auch, wie das Französische, eine schwierige Grammatik. Aber wir haben immer einen Weg gefunden, uns zu verständigen.

Meine zweite Reise nach Paris unternahm ich mit 18 Jahren nach dem Schulabschluss und fand die Stadt toll. Der Louvre und der Brunnen vor dem Centre de Pompidou haben mir damals besonders gut gefallen und auch das schöne Schloss in Versailles mit seinen herrlichen Gärten fand ich wunderschön, wie so viele hunderttausende Touristen im Jahr auch, die die Stadt der Liebe erkunden. Ich bestellte immer mit meinem Schulfranzösisch das Frühstück und war mächtig stolz, wenn auch das bei uns ankam, was ich dachte, bestellt zu haben.

Danach hatte ich erst mal keinen weiteren Kontakt zu Frankreich und der Sprache, obwohl meine Eltern ihren jährlichen Urlaub in der Provence verbrachten. Zu dieser Zeit waren Urlaube mit den Eltern für mich äußerst uncool und ich verbrachte die Ferien mit Freunden in anderen Ländern. Ich absolvierte eine Lehre als Zahnmedizinische Fachangestellte und blieb sehr lange in diesem Beruf, obwohl ich dort nicht wirklich glücklich war. Ich heiratete relativ spät mit Mitte dreißig und lebte ein sehr normales Leben, in dem ich mich aber nicht angekommen fühlte. Ich war immer auf der Suche nach etwas, ohne sagen zu können, was ich eigentlich suchte.

Vielleicht hing es auch damit zusammen, dass ich in den glorreichen 80ern aufgewachsen bin. Damals glaubte man noch an den positiven, technischen Fortschritt, und ich habe wirklich gedacht, dass es auf der Welt immer besser werden würde. Dass die Forschung und Entwicklung zum Wohl der Menschen und Tiere eingesetzt werden würden, dass der Hunger auf der Welt in den Griff zu bekommen sei und die Menschen aus den vorangegangenen Kriegen gelernt hätten. Dass die Medizin die Menschen heilen wollte, und dass jeder Mensch einen positiven Beitrag zu all dem leisten würde, soweit das im Rahmen der jeweiligen Möglichkeiten stand. Heute kommt mir das alles sehr naiv vor, aber damals habe ich wirklich daran geglaubt. Die Entwicklung auf der Welt ging und geht leider in eine ganz andere Richtung und man fragt sich schon, wo das noch hinführen soll.

Aber ich schweife ab. Zurück zu meiner Geschichte.

Nach nur eineinhalb Jahren verließ ich meinen damaligen Mann und zog zurück nach Schwabach, in eine Kleinstadt etwa 25 km von Nürnberg entfernt, wo auch meine Eltern wohnten. Dort besuchte ich bei der VHS Französischkurse und reiste ein paar Mal ins Elsass, und meine Sehnsucht nach Frankreich wurde mit jeder Reise größer. Es ist schon komisch, aber sobald ich bei Saarbrücken die Grenze überquerte, hatte ich irgendwie ein anderes

Lebensgefühl. Eine gewisse Leichtigkeit und savoir vivre. Ich kann es nur schwer beschreiben. Die Franzosen wissen auf jeden Fall, zu genießen.

Dann ergab es sich, dass ich in einer Zahnarztpraxis mit einem französischen Kollegen zusammenarbeitete. Seine fröhliche und unkomplizierte Art war in der Routine des Alltags eine angenehme Bereicherung. Leider ging die ganze Familie nach einem halben Jahr nach Frankreich zurück. Er sagte mir damals, dass die Deutschen und ihre Mentalität ihm zu streng und zu ernst wären. Im Nachhinein kann ich das heute gut verstehen. Damals kannte ich nur die deutsche Lebensweise und konnte nicht so recht nachvollziehen, was er damit meinte.

Endlich mit Anfang 40 lernte ich, heute ganz klassisch, meinen zweiten Mann Didier über das Internet kennen. Und der Zufall wollte es, dass es ein Franzose war. Am Anfang unterhielten wir uns nur auf Englisch, weil er kein Deutsch sprach und mein Französisch zu dieser Zeit noch sehr schwach war.

Ich erinnere mich noch sehr gut daran, wie er mich dann das erste Mal in Schwabach besuchen kam. Ich holte ihn vom Flughafen in Nürnberg ab, und wir beide waren fürchterlich nervös. Denn nicht immer kann man die Gefühle, die man beim Schreiben über die Monate entwickelt, dann auch in die Realität transportieren. Wenn ein Mensch aus Fleisch und Blut vor einem steht, ist das etwas ganz anderes als eine virtuelle Begegnung. Man merkt innerhalb von Sekunden, ob einem der andere sympathisch ist oder nicht. Da helfen dann auch die monatelangen Gespräche und bereits entstandenen Gefühle nichts. Wenn die Chemie nicht stimmt, dann ist da nichts zu machen.

Bei uns hat sich die anfängliche Befangenheit und das Fremdheitsgefühl Gott sei Dank schnell gelegt, und wir verbrachten sehr schöne Tage zusammen. Als er dann wieder nach Hause fliegen musste, war ich glücklich und traurig zugleich. Glücklich, weil das persönliche Kennenlernen so gut verlaufen war. Und natürlich traurig, weil uns jetzt wieder 800 km voneinander trennten. Ich war ratlos, wie es denn nun weitergehen sollte. Er hatte sein Leben in der Nähe von Paris und ich das meine in Schwabach. Also pendelten wir die nächsten Jahre von Schwabach nach Paris und wieder zurück. Es war eine schöne und spannende Zeit, und nach drei Jahren Fernbeziehung und einem Papierkrieg, der seinesgleichen sucht (von wegen unbürokratische EU) heirateten wir im Sommer 2015 in Schwabach.

Unsere Hochzeitsreise teilten wir in drei Tage Gardasee (sehr schön aber nie wieder im August) und eine Hausbootfahrt auf dem Canal du midi auf. Wir mieteten ein kleines Hausboot in Castelnaudary und schipperten gemächlich über gefühlte 15 Schleusen pro Tag Richtung Toulouse. Die Landschaft ist sehr malerisch und der Canal du midi mit den schattenspendenden Platanen ein Traum. Didier hatte schon länger Pläne, sein Leben in der Rente zu verändern. Er hätte gerne auf einem Hausboot gelebt. Die gibt es zahlreich entlang des Canal du midi. Das war mir als Großstadtkind dann doch zu ausgefallen und vor allem zu feucht. Aber der Idee, nach der Pensionierung meines Mannes nach Südfrankreich zu ziehen, stimmte ich aus vollem Herzen zu. Das war schon immer mein Traum gewesen, dort zu leben, wo andere Urlaub machten. Am Ende unserer Hochzeitsreise konnten wir uns nur sehr schwer von Südfrankreich trennen. Ich denke, damals haben wir schon jeder für sich entschieden, hier wohnen zu wollen und das auch wirklich zu realisieren.

Nach unserer Heirat in Deutschland nahmen wir aber erst mal wieder unsere Fernbeziehung auf. Weihnachten 2016 beschlossen wir dann endgültig, dass wir das Abenteuer wagen wollten. Wir hatten von den vielen Wochen des Wartens auf ein nächstes Zusammensein genug, und am 30. Juni 2017 war es dann endlich so weit. Der Umzugswagen stand vor der Tür, und mein Abenteuer in Frankreich konnte beginnen. Für meinen Mann war es auch eine Herausforderung. Von einer Fernbeziehung in ein normales Familienleben zu springen, war für ihn sicherlich auch nicht ganz einfach. Die verschiedenen Mentalitäten zeigen sich auch erst so richtig deutlich, wenn man zusammenwohnt.

Das waren bei uns am Anfang vor allem die sehr unterschiedlichen Essgewohnheiten. Die Franzosen legen einfach mehr Wert auf Qualität und weniger auf Quantität der Lebensmittel. Da hatten wir doch so einige Diskussionen und Kabbeleien. Ich hätte mir vorher nie vorstellen können, dass ich mal so viel wegen der Essenszubereitung diskutieren müsste, wie wir in unserer Anfangszeit. Mittlerweile habe ich mich so sehr an die französische Küche gewöhnt, dass mir die deutschen Essgewohnheiten fast fremd geworden sind. Sie werden sich jetzt fragen, was denn da so anders ist. In Frankreich isst man nicht alles auf einmal und zusammen wie in Deutschland. Erst den Salat, dann das Hauptgericht, dann das Dessert. Auch isst man Soße nicht literweise, sondern nur in kleinen Mengen. Spaghetti werden mit Messer und Gabel gegessen. Käse darf gerne etwas intensiver schmecken und muss fachgerecht geschnitten werden. Auf gar keinen Fall darf man sich nur das beste Stück ohne Rinde abschneiden. Das gilt als sehr egoistisch, weil die Anderen dann mehr Rinde und weniger Käse auf dem Teller haben. Pizza gleicht eher einem salzigen Kuchen und Eiscreme in der Eisdiele ist sündhaft teuer. Um nur ein paar der kleinen, aber feinen Unterschiede zu nennen. Das Rindfleisch ist für Nichtfranzosen auch sehr gewöhnungsbedürftig, weil doch oft sehr kauintensiv und anders abgehangen. Mein Metzger im Nachbardorf hat mir einmal erklärt, dass das Fleisch anders zerlegt wird. Man muss beim Essen darauf achten, dass man „richtig" schneidet, d. h. nicht gegen die Faser.

Dafür ist hier in Südfrankreich die Qualität von Obst und Gemüse wesentlich besser, vom Wein gar nicht erst zu reden. Mit frischen Kräutern und gutem Essig und Öl braucht man auch nicht so viele künstliche Aromastoffe. Das verändert die Gewohnheiten beim Kochen doch erheblich.

Aber zurück zu meiner Geschichte.

Aus einer Fernbeziehung wurde eine kleine Familie mit anfangs einem Kater und später der jüngsten Tochter meines Mannes, Camille. Sie studierte im ersten Jahr Medizin, und bei den Wohnungspreisen in Paris war es besser, sich in einer kleinen Wohnung zu arrangieren. Nach einem Jahr konnte sie dann bei Freunden wohnen. Von dort war der Weg zur Uni deutlich kürzer, und wir hatten wieder etwas mehr Platz in unserer kleinen Zwei-Zimmerwohnung unter dem Dach.

Zu Beginn meines Frankreichaufenthaltes absolvierte ich einen viermonatigen Sprachkurs über das französische Arbeitsamt Pôle emploi. Danach fand ich einen Job in einem Centre dentaire. Unsere Urlaube verbrachten wir meistens in Südfrankreich, genauer gesagt im Departement de l'Aude, in dem wir auch heute leben. Einheimische sagen, dort ist es genauso schön wie in der Provence, nur nicht so chic und teuer. Tatsächlich haben beide Landstriche große Ähnlichkeiten. Aber das Leben und die Immobilienpreise sind im Departement Aude doch deutlich moderater als in der mittlerweile mondänen Provence.

Eine andere neue Erfahrung machte ich mit Didier bei unserem zweiten gemeinsamen Urlaub, den Naturisme, d. h. Freikörperkultur. Diese ist in Frankreich an den Stränden sehr verbreitet. Es gibt sogar ganze Feriendörfer, wo das nackte Leben zelebriert wird. Das war für mich, die schon immer mit ihrem Körper gehadert hatte, eine sehr große Herausforderung. Ich vergesse nie, als wir das erste Mal auf einem Camping „naturiste" Urlaub machten, und wir dort im Eingangsbereich auf die ersten Nackten trafen. Wieso tue ich mir das an, dachte ich. Aber nach ein paar Tagen, die ich mit allen möglichen Bedeckungen (Pareo etc.) verbrachte, traute ich mich, nackt auf unserer Terrasse zu frühstücken. Ich entspannte mich langsam und begann, die neue Freiheit zu genießen. Vor allem das nackt Schwimmen im Meer als auch im Swimming Pool ist eine wahre Freude. Und wenn man älter als 25 Jahre alt ist, muss man sich auch keine Gedanken mehr machen, dass andere einen schöneren oder besser trainierten Körper haben als man selbst. Nackt sind wir alle gleich, im positiven wie im negativen Sinne. Das heißt, dass so gut wie keiner den perfekten Körper hat. Und diese Erkenntnis ist in der heutigen perfekt suggerierten Medienwelt eine ungeheure Erleichterung. Natürlich weiß man das auch in der Theorie. Aber es wirklich zu sehen und zu verstehen, ist nochmal etwas ganz anderes. Und da ist es dann auch egal, ob man einen 2CV oder einen Porsche Cayenne fährt. Im FKK-Bereich fallen diese Statussymbole fast weg. Das ist auch sehr, sehr angenehm. Man konzentriert sich eher auf den Menschen und nicht auf: mein Haus, mein Auto, meine Segelyacht. Da zählen dann wieder Menschlichkeit, Hilfsbereitschaft und Freundlichkeit. Spaß am Leben haben, fröhlich sein etc. Ich wusste am Anfang gar nicht, wie ich das alles bewerkstelligen sollte. Das klingt bizarr, aber wenn man sein ganzes Leben in einer Leistungsgesellschaft verbracht hat, wo jeder Schritt beobachtet, kommentiert und kritisiert wird, dann braucht man einige Zeit, um sich davon wieder zu entfernen. Und das ist gar nicht so einfach, wie es sich anhört. Jetzt verstehe ich auch, warum viele Menschen in ihrem Urlaub gar nicht so entspannen können, wie sie es sich vorgestellt oder gewünscht haben. Ich habe doch einige Jahre gebraucht, um von dieser Ideologie der Perfektion wieder etwas weg zu kommen. Man ist so in dieser Spirale gefangen, dass es schwierig ist, da wirklich auszusteigen. Ganz habe ich es noch lange nicht geschafft. Aber ich hoffe, dass ich auf einem guten Weg dahin bin. Jetzt kann ich mich am Leben hier in Frankreich, der grandiosen Landschaft und auch am Alltag erfreuen, und das nicht nur auf dem Campingplatz. Nach fünf Jahren Frankreich bin ich wirklich hier angekommen und freue mich auf weitere spannende Abenteuer in meiner Wahlheimat im Departement de l'Aude.

Aber weiter im Text:

Auf unserem Campingplatz hatten wir das Glück, den Eigentümer eines Mobilhomes kennenzulernen. Er spielte damals schon mit dem Gedanken, sein aufgebocktes Häuschen zu verkaufen. Als er es uns nach einem Jahr zum Kauf anbot, haben wir sofort zugeschlagen. Damit hatten wir unseren ersten kleinen Wohnsitz im Süden, und wir waren unserem Traum ein Stückchen nähergekommen. Im Jahr darauf wohnten und arbeiteten wir noch immer bei Paris, und ich bewarb mich auf eine Stellenanzeige in Narbonne, und bekam relativ schnell eine Zusage. Wir wohnten unseren ersten Sommer auf dem Campingplatz an der Küste zwischen Port-la-Nouvelle und Leucate. Später sollte dann in diesem Unternehmen eine Stelle in Carcassonne für mich frei werden. Da der Campingplatz Ende Oktober seine Pforten schließt, brauchten wir für den Winter eine stabile Unterkunft. Wegen des Virus konnten wir unser Zuhause bei Paris leider nicht sofort verkaufen. Die Ausgangsbeschränkungen und andere Auflagen verzögerten unser Projekt erheblich. Glücklicherweise konnten wir in das Ferienhaus eines Freundes der Familie einziehen, der aus denselben Gründen wie wir nach Südfrankreich, nach Neuseeland auswanderte und dort leider festsaß. Aus geplanten vier Monaten wurden neun Monate. Aber letztlich haben wir eine schöne, helle Wohnung in Alaigne gefunden. Ursprünglich wollten wir sehr gerne in Alet-les-Bains bleiben, ein pittoreskes Dorf im Haut Valley. Aber leider waren alle Objekte, die zu dieser Zeit zum Verkauf standen, entweder viel zu groß für zwei Personen oder unser Budget war zu klein. Im Frühling 2021 konnten wir dann beim Notar den Kaufvertrag für unser Domizil unterschreiben, und im Juni zogen wir dann in unsere neue Wohnung ein. Jetzt sind wir seit einem Jahr in Alaigne und haben unseren Entschluss, in den Süden zu ziehen, keine Sekunde lang bereut. Hier im Dorf sind wir nicht die einzigen Zugereisten. Seit ein paar Monaten gibt es ein soziales Projekt in unserem wiedereröffneten Café, an dem ich mich sehr gerne beteilige. Es gibt einen Französischkurs, Kunstkurse und Musikprojekte, und ich gebe seit kurzer Zeit einen Deutschkonversationskurs, der mir sehr viel Spaß macht. Nach dem Kurs ist Kaffeezeit – hier english tea time – angesagt, und ich unterstütze die Organisatorin mit selbst gebackenen Kuchen, Torten und Tartes, die meistens gerne gegessen werden. Ich probiere oft neue Rezepte aus, die erst einmal von der Familie beim sonntäglichen gemeinsamen Essen probiert und gegebenenfalls verbessert werden. Kathy, die für die englischen scones, clotted cream mit selbst gemachter Marmelade und ähnliche englische Leckereien zuständig ist, hat einen tollen, großen Garten. Da darf ich Früchte ernten, und ich habe schon einige Gläser Mirabellenkonfitüre hergestellt. Im Juli sind die Feigen reif, aus denen ich in diesem Jahr zum ersten Mal in meinem Leben selbst meine Lieblingskonfitüre koche. Das hat schon was. Hier gibt es fast ganzjährig Orangen und Zitronen, die man in einem gestürzten Kuchen super verarbeiten kann. Sieht sehr schön dekorativ aus mit den karamellisierten Orangen- und Zitronenscheiben auf dem Kuchen. Lavendel, der im Juli geschnitten werden kann, eignet sich hervorragend zum Karamellisieren und als Beigabe zu Käsekuchen, Zitronentarte oder ähnlichem.

Es gibt sehr angenehm erfrischende Cocktails, die mit einem Anisschnaps als Basis und dann mit einem Mandel- oder Minzlikör gemischt und mit kühlem Wasser aufgegossen werden. Sehr lecker und nicht zu stark für die sehr hohen Temperaturen im Sommer. Cidre in vielen Variationen, nicht nur aus Äpfeln, sondern auch aus Birnen oder als Rosé hergestellt, wird sehr gerne getrunken.

Ich bin jetzt das zweite Jahr im Süden, und ich freue mich unbändig über die vielen Sonnenstunden, die es ab Anfang Mai gibt. Winter und Frühling sind durch den Klimawandel, der auch hier in Südfrankreich zu spüren ist, sehr regenreich und kalt. Die Natur braucht die Feuchtigkeit, um die sehr heißen Sommermonate zu überstehen. Unser erster Winter war viel kälter, als wir gedacht hatten. Seit Februar haben wir einen gusseisernen Ofen; nun ist es mollig warm und sehr gemütlich in den Abendstunden vor unserem Kaminfeuer.

Im Mai beginnt die Veranstaltungs- und Konzertsaison. Fast jeden Donnerstag gibt es klassische Musik in einer stillgelegten Kirche, die im Eingangsbereich ein Klaviermuseum beheimatet und im hinteren Teil als Konzertsaal genutzt wird. Die Akustik ist dementsprechend, und die Veranstaltungen sind gut besucht. In unserer nächstgelegenen Kleinstadt Limoux gibt es ein halbes Jahr lang Karnevalsveranstaltungen. Das ist die Hochburg des französischen Faschings, der nach der zweijährigen Pandemiepause ausgiebig gefeiert wird. In Limoux gibt es auch noch die Besonderheit, den 14. Juli, Nationalfeiertag in Frankreich, schon am 13. abends zu feiern, mit einem großen Feuerwerk am Flussufer der Aude und Tanz auf dem Marktplatz. Dazu wird der Blanquette de Limoux getrunken. So heißt der Sekt bzw. Champagner der Region, der noch vor dem berühmten Schaumwein aus der Region Champagne hergestellt worden sein soll. Natürlich waren es wieder Mönche, die als Erste das Herstellungsverfahren entwickelt haben. Es soll, der Legende nach, ein Mönch aus der Champagne das Rezept mitgenommen haben. Ob das wirklich der Wahrheit entspricht, weiß man nicht so genau. Aber hier in Limoux ist man natürlich sehr stolz auf den guten Tropfen. Der Blanquette lässt sich sehr gut als Kir oder Kir Royal mixen. Dieses Jahr ist der Blanquette gemischt mit einem italienischen Limoncello groß in Mode. Schmeckt sehr erfrischend leicht, für laue Sommerabende bestens geeignet oder für den kleinen Apéro, der in der Haupturlaubszeit im Juli und August sehr gerne vor dem Abendessen genommen wird. Und natürlich nicht nur dann. Es gibt in Castelnaudary, nicht allzu weit entfernt, das sehr beliebte Cassoulet. Ein Eintopf mit verschiedenen Fleischsorten, Würsten und weißen Bohnen wird stundenlang gekocht. Mit einem frischen

Baguette ein wahrer Genuss, und mit einem guten Rotwein aus der Region eine Delikatesse.

Erwähnen möchte ich natürlich noch unsere sehr schöne Landschaft, die wir hier um uns herum haben. Wir sitzen in einem der größten Weinanbaugebiete Frankreichs, und das Land ist sehr geschichtsträchtig. Man befindet sich im Land der Katharer, die zwischen dem 12. und 14. Jahrhundert hier lebten. Das Wort Katharer bedeutet „die Reinen". Diese Glaubensrichtung lebte vornehmlich in Südfrankreich, Spanien, Italien und auch Deutschland. Die Lebensweise der Katharer entsprach wohl eher dem, was wir heute unter christlichen Werten verstehen. Sie waren sehr asketisch, lehnten Götzenverehrung und auch persönlichen Besitz ab. Letztendlich wurden sie durch die Kreuzzüge vernichtet und wahrscheinlich, weil das damalige Oberhaupt der katholischen Kirche die Katharer als ernstzunehmende Bedrohung ansah. Die Katharer hatten durch ihre Glaubens- und Lebensweise regen Zulauf. Sie waren eine der größten Laienbewegungen des Mittelalters. Bis 1200 nach Christus hatte die Bewegung große Gebiete in Okzitanien erfasst. Im Jahr 1167 kam es zu einer Synode der südfranzösischen Katharer, aus dem sich dann die Bewegung zu einer eigenen Kirche entwickelte. Im bedeutendsten Katharergebiet, dem Languedoc, wurden vier Diözesen gegründet: Albi, Agen, Toulouse und Carcassonne. Durch ihre bescheidene und gläubige Lebensweise waren sie sehr angesehen, deswegen wurden sie von der katholischen Kirche exkommuniziert. Das war dann der Anfang vom Ende der Katharer, die Bewegung wurde bis zum Ende des 14. Jahrhunderts zerschlagen.

Heute kann man noch die Ruinen einiger Burgen und intakte Abteien in der Region besichtigen. Besonders sehenswert sind: Château de Quéribus, Château d'Aguilar, Château de Villerouge-Termenès, Château de Montségur, Château de Saissac, Abbaye de Lagrasse, Abbaye de Alet-les-Bains, Abbaye de Fontfroide, Abbaye de Saint-Papoul, die Cité médiévale de Fanjeaux und die berühmte Cité médiévale de Carcassonne – Weltkulturerbe der Unesco.

Es gibt eine sehr schöne App, die heißt: Pays Cathare – Guide de Voyage. Dort kann man die jeweilige Muttersprache einstellen und bekommt sehr viele Anregungen zu Besichtigungen und Feriengestaltung in unserer Region. Auch kann man sehr gut Ausflüge nach Spanien und Andorra unternehmen. Die spanische Grenze ist mit dem Auto eine gute Stunde entfernt. Von Alaigne aus kann man das Mittelmeer in 1½ Autostunden bequem erreichen. Zwischen Gruissan und Argelès-sur-mer kann man alles finden, was das Urlauberherz begehrt. Kilometerlange Sandstrände mit allen erdenklichen Wassersportangeboten. Die Erkundung von Perpignan (liegt allerdings schon im Departement Pyrénées-Orientales) und Narbonne (erst kürzlich mit dem Label „schönster Markt Frankreichs" ausgezeichnet) laden zum Entdecken und Verweilen ein. In Port Leucate gibt es eine Direktverkostung von Krustentieren, die im Sommer sehr gut besucht ist. Man sollte im Voraus reservieren, wenn man gerne Austern und Krabben, Seeigel und Muscheln isst. Die hiesigen Austern heißen Bouzigues und schmecken mir ganz besonders gut mit einem schön gekühlten Glas Picpoul de Pinet – Weißwein der Region. An der Küste wird das „sel de mer" hergestellt bzw. gewonnen. Ein schönes Mitbringsel für die Daheimgebliebenen. Dazu eigenen sich auch noch diverse Käsesorten, Honig, getrocknete Kräuter, Handtaschen aus Kork und und und. Die Vielzahl an Spezialitäten und handgemachten Produkten ist schier unendlich.

Ich hoffe, ich habe dem verehrten Leser Lust auf mehr gemacht, und der nächste Urlaub führt Sie in das wunderbare Südfrankreich zwischen Mittelmeer und den Pyrénéen. Da steht einer erfüllten Wohlfühlzeit nichts mehr im Wege, von der man zu Hause in Deutschland noch lange zehren kann.

Julia Kolb

Seit 2019 im Département Bouches-du-Rhône (13)
Seit 2020 im Département Savoie (73)

Mein (Um-)Weg nach Frankreich

Mein Weg nach Frankreich begann eigentlich auf einer ganz anderen Reise in meinem Leben.

Ich nahm mir auf dieser Reise sozusagen eine kleine Auszeit von meinem durchgeplanten Leben in Deutschland. Bus und Zug führten mich auf langsamen Wegen über Polen, der Slowakei, Ukraine und ans andere Ende von Russland. Dort stieg ich auf eine Fähre, die mich nach Südkorea und zu weiteren Abenteuern in Asien brachte. Nach einiger Zeit führte mich mein Weg nach Vietnam, ich wollte dem Winter entfliehen und ein bisschen tropische Sonne auf meine Haut scheinen lassen. Heiße Sonnentage gab es zur Genüge und am Ende eines solchen begegnete ich auch meinem französischen Lebenspartner.

Die Geschichte von unserer ersten Begegnung begann genauer gesagt auf einer „full moon party" am Strand mit einem Hund namens „Lucky" (seinen Namen hat er zu Recht, denn er brachte uns wirklich Glück). Wir, samt Hund, befanden uns auf der Trauminsel Phú Quốc in Vietnam. Dort verbrachte ich einige Wochen, half in einem kleinen familiären Restaurant gegen „Kost und Logis" aus, schwamm täglich und ließ am Strand meine Haut von der Sonne wärmen. In dem Restaurant, in dem ich also wohnte und arbeitete, gab es Hunde – ich glaube es waren drei – und eine schwarze Katze. Die Hunde folgten mir oft überall hin, vor allem Lucky, ein „Phú Quốc Ridgeback", war mein ständiger Begleiter. Später kam auch noch die schwarze Katze auf die Spaziergänge mit. Lucky liebte es jedenfalls, genauso wie ich, im Meer zu baden, das zu Fuß nicht weit vom Restaurant, also seinem Zuhause, entfernt war. So begleitete er mich auch am besagten Vollmondabend zum Strand, um bei einer kleinen Party mit Lagerfeuer dabei zu sein. Vielleicht hat er aber auch auf ein über dem Feuer gebratenes Würstchen gehofft ... Es waren einige Bewohner der Insel dort und einige andere

Reisende, unter anderem Nico. Lucky entschied sich, unser Glück in die Hand, äh Pfote, zu nehmen und tapste auf Nico zu, um sich einige Streicheleinheiten bei ihm abzuholen. So begann also unser erstes Gespräch über den Hund und es folgten viele weitere Gespräche, Begegnungen, Treffen und wunderschöne Momente zusammen (oder wie ein französischer Schlager von „Serge Gainsbourg" besingt: „sea, sex & sun ...").

Nach den ersten gemeinsamen Kennenlernwochen folgte eine kleine „Pause", in der wir uns einige Wochen nicht sahen, da Nico weiter nach Kambodscha reiste, um seine Familiengeschichte zu ergründen. Sein Urgroßvater hatte dort zur Kolonialzeit ein Hotel. Darauffolgend und zurück in Vietnam auf dem Festland entschlossen wir uns kurzerhand, ein kleines Motorrad zu kaufen. Als Kaufberatung nahmen wir meinen Vater mit, der mich mit seiner Frau zwei Wochen besuchte. Die Preisverhandlungen gestalteten sich, wie in Vietnam üblich, als sehr hartnäckig. Die Vietnamesen verhandeln mit Freude über alles und jeden. Endlich im Besitz unseres Motorrades, das wir „Calimero" tauften, starteten wir unsere gemeinsame Reise durch Asien.

Einige Monate später und zurück in Europa besuchte ich Nico zum ersten Mal in seiner Heimat in der Hafenstadt Marseille in Südfrankreich. Es folgte erst einmal eine Fernbeziehung zwischen meiner Heimatstadt Kulmbach in Oberfranken und Marseille, da ich in Kulmbach eine befristete Stelle annahm, um Geld für die nächsten Abenteuer zu verdienen. Die nächsten Abenteuer waren dann eine kleine Frankreichrundreise. Wir besuchten zuerst die Flamingos in der Camargue mit Nicos Motorrad namens „Gary" (den Namen bekam es abgeleitet von der Schnecke bei „Spongebob", da es dieselbe Charaktereigenschaft – sprich Langsamkeit – aufwies). Darauffolgend zelteten wir unter anderem in den Schluchten von Verdon in den „Alpes de Haute Provence", badeten in den klaren Flüssen in der Ardèche und entdeckten schöne Strände und Dünen am Atlantik und im Baskenland.

Der nächste Teil des Abenteuers folgte mit dem darauffolgenden Umzug im Jahr 2019 nach Marseille. So landete ich also in Frankreich, in dem Land, das ehrlich gesagt für mich zuvor am wenigsten interessant und anziehend war. Dies sollte sich jedoch rasch ändern.

Der Beginn und somit auch der Anfang meiner ersten sprachlichen Versuche im Französischen waren sehr holprig und herausfordernd. Mit sehr großer Mühe und Anstrengung versuchte ich die erlernten Wörter sprachlich an den französischen Mann und die Frau zu bringen. Das Problem hierbei war jedoch: Niemand, wirklich niemand verstand mich! So oft dachte ich mir sehr verzweifelt „das ist doch ein Wort in EURER Sprache, das ich gerade von mir gebe. Warum gibt sich niemand die Mühe, mich zu verstehen?" Aber vergebens, der etwas sehr naive Traum von mir, zu denken, dass ich die Sprache im Lande innerhalb von drei Monaten einigermaßen beherrschen würde, erfüllte sich so ganz und gar nicht und deprimierte mich erst einmal zu sehr, um motiviert weiterzumachen. Es gibt bestimmt sprachliche Naturtalente, die sich mit Leichtigkeit und Spaß in eine neue Sprache stürzen, weiterhin gibt es natürlich Sprachen, die einem mehr oder auch weniger liegen. Französisch war für mich einfach eine totale Katastrophe. Ich glaube, ich hätte lieber Mandarin mit seinen wunderschönen eleganten und fremdländischen Schriftzeichen gelernt, als eine Sprache, die für mich meilenweit entfernt und einfach am anderen Ende des Horizontes meiner natürlichen Begabung lag.

Erst nach und nach (mein Motto hierbei war und ist immer noch „mühsam ernährt sich das Eichhörnchen") verbesserte sich meine haarsträubende und vom fränkischen Dialekt geprägte Aussprache. Bis heute kämpfe ich mich durch den französischen Urwald der verschiedenen Vokabeln, Grammatikfeinheiten und Ausspracheregeln.

Eine weitere Hürde am Anfang meiner Ankunftszeit in Marseille waren die zahlreichen und mühsamen Behördengänge. Da Frankreich in der EU liegt und man ohne Probleme grenzübergreifend arbeiten kann, hatte ich dort Anspruch auf einige Monate Arbeitslosengeld. Jedoch fühlte sich niemand zuständig. Dazu kam noch die südliche, (für mich als „akkurate Deutsche") teilweise zu sehr gelassene Einstellung der Behördenmitarbeiter:innen, die meiner Ansicht nach weniger „engagiert" arbeiteten, als ich es mir gewünscht hätte. Mein Freund versuchte mühselig, die für mich zuständige Behörde ausfindig zu machen, um meinen Wohnsitz in Marseille anerkennen zu lassen, um mich daraufhin mit dem deutschen Formular arbeitslos zu melden.

Er wurde hierbei von einer Stelle zur nächsten geschickt. Niemand wollte zuständig sein und sich somit mehr Arbeit aufhalsen. Er ging also von „A" nach „B" und wurde daraufhin nach „C" geschickt, die ihn wiederum zur Stelle „A" verwiesen, die dann übrigens wirklich zuständig war. Irgendwie erinnerte mich dieses ganze Prozedere an die Szene des „Passierschein A38" von „Asterix und Obelix". Na ja, in dem passenden Land, dem Land der Gallier befinden wir uns ja ...!

Nachdem wir nach langer Zeit und auf umständlichen Wegen damit einigermaßen erfolgreich waren, ging das Ganze übrigens von vorne los mit der Krankenversicherung!

In Marseille blieben wir zusammen ungefähr ein dreiviertel Jahr. Mir gefielen die Sonne, das Meer und die stetige frische Brise, die der Wind brachte. Der kalte Nordwind – übrigens als Mistral bezeichnet – bringt des Öfteren sehr starke Windböen und im Sommer eine Abkühlung des Meerwassers mit sich, was das Baden und Schnorcheln dann sehr erfrischend werden lässt. Die Großstadt mit ihrem Gestank, den vielen Menschen, dem überall vorhandenen Asphalt, der Kriminalität und dem Dreck (die Müllabfuhr ist des Öfteren im berühmt berüchtigten Streik) gefielen mir eher weniger. Ich möchte allerdings anmerken, dass für einen Urlaub Marseille mit seiner beeindruckenden Architektur, dem multikulturellen Lifestyle und den vielen kleinen und schnuckeligen Häfen und Buchten wirklich beeindruckend und sehenswert ist. Aber ich bin halt mehr eine Landmaus und möchte Freiraum und Natur um mich herum, sobald ich meine Haustür aufmache.

Auch Nico hatte die Nase voll von „seiner" Stadt. Wir beendeten unsere vorübergehenden Aushilfsjobs und machten uns auf die Suche nach einer anderen Region, die uns zum Leben mehr zusagte.

Erst landeten wir im Naturpark „Haut-Languedoc" auf einer kleinen Farm, die nach dem Konzept der Permakultur von einer anderen deutschen Auswanderin geführt wird. Die Gegend dort war uns schon vorher ein wenig bekannt durch die Mitarbeit bei einer sehr heißen und schweißtreibenden Weinlese. Es ist eine felsige und warme Region, durchzogen mit einer südlich geprägten Vegetation, Flüssen und Schluchten – ähnlich wie in der „Ardèche" (das Département Ardèche ist übrigens sehr beliebt bei deutschen Urlaubern). Der Wein in „Haut-Languedoc" schmeckte mir damals sehr gut. Vielleicht wäre mir aber auch nach den heißen Tagen auf dem Feld bei der Weinlese jeder Wein wie ein edler Tropfen vorgekommen.

Zu diesem Zeitpunkt und auch bis heute liebe ich ebenso den Wein aus der Camargue. Ich bin kein großer Weinkenner, aber ich finde beim Wein des Südens schmeckt man richtig die Sonne heraus und vielleicht auch die Süße der Muße und des ruhigeren Lebensstils dort. Der Geschmack des Weines aus der Camargue wird vom dortigen Sandboden verliehen, er heißt deswegen „vin des sables" („Sandwein") oder „vin gris" („grauer Wein"), er besitzt allerdings eine zartrosa Farbe, für mich die Farbe eines Flamingos, der auch häufig auf dessen Etiketten verwendet wird. Der Vogel ist, neben den Camargue-Pferden und dem Camargue-Rind, Markenzeichen dort. Man kann ihn, häufig schon beim Durchfahren dieser Gegend, bei den an den Straßenseiten gelegenen Teichen sichten. Noch eine kleine interessante Nebeninformation: In der Camargue wird auch Reis angebaut, der unter anderem in fast jeden Supermarkt in ganz Frankreich zu finden ist.

Um aber wieder zurückzukommen zu „Haut-Languedoc" ... Auf dieser kleinen Farm machte es uns Freude, etwa eine Woche lang bei der Gartenarbeit in dem wundervollen, riesigen, mit allen möglichen Gemüsen, Blumen und Pflanzen versehenen Garten zu helfen. Ebenso die zwei Pferde mit ihrem eigensinnigen Charakter zu reiten und mit den Ziegen, die einen noch eigensinnigeren Charakter als die Pferde hatten, spazieren zu gehen. Um genau zu sein, gingen die Ziegen eigentlich mit uns spazieren.

Ebenfalls auf der Farm befand sich für einige Tage auch ein Deutscher in unserem Alter, der in seinem Urlaub Frankreich mit dem Fahrrad erkundete. Wir saßen abends alle beim gemeinsamen Essen zusammen und mit dem anderen Urlauber aus Deutschland wurden die Abende nach der Mahlzeit noch mit Wein (Kanistern) begossen.

Dies spielte sich im März 2020 ab. Es verdichteten sich schon die Nachrichten über Covid-19 und an einem Abend kam die Nachricht, dass am nächsten Tag ab mittags das „Confinement“ (Lockdown) losgehen wird. Schon an den Abenden davor und mit dem besagten süffigen Wein malten wir uns etwas schmunzelnd Weltuntergangsszenarien aus und fühlten uns wie in einem Film. Wir wussten ja damals noch nicht, was uns alles bevorstehen würde. Die Abreise verlief ebenfalls wie in einem Film. Da uns unklar war, wie die ganze Situation weiter gehen würde, wollten wir das „Confinement“ in Marseille in dem kleinen Häuschen (genau gesagt, sehr kleinen Häuschen, besser gesagt „Mini-Häuschen“), in dem wir zuvor gelebt hatten, neben Nicos Mutter, verbringen. So, los ging es also mitten in der Nacht. Wir luden den anderen Urlauber und sein Fahrrad in unserem Volkswagen T3 Bus ein und nach meinen vielen Ausparkversuchen auf der abgelegenen Farm im Stockdunkeln und nach einem der besagten weinreichen Abende, starteten wir. Wir setzten ihn in „Montpellier“ am Bahnhof ab, von dort aus wollte er mit dem „TGV“ und seinem Fahrrad zurück nach Deutschland, bevor er quasi durch den Lockdown in Frankreich festhing. Er musste übrigens die letzten etwa 60 km über die französisch-deutsche Grenze mit seinem Fahrrad radeln (er wohnt direkt hinter der Grenze von Mülhausen), da schon keine Züge mehr über die Grenze fuhren.

Wir kamen auch noch vormittags in Marseille an. Bevor wir in die Innenstadt fuhren, wollten wir eigentlich noch ein paar Reservelebensmittel kaufen (aber natürlich keine Tonnen von Klopapier ...). Vor dem Supermarkt wartete jedoch eine riesige Menschenmenge schon eine Stunde vor den Öffnungszeiten. Na ja, das war uns dann trotzdem zu verrückt ...

Ich hole jetzt mal nicht zu sehr aus mit dem Lockdown, jeder war ja betroffen und in Frankreich besagten die strengen Regeln, dass man mit Nachweis nur einen Kilometer für eine Stunde vors Haus durfte. So waren wir nun zwei Monate in dem „Mini-Häuschen“ „gefangen“, neben dem sich zum Glück eine kleine Terrasse befand, auf der wir mal wieder viel Wein genossen, das immer gut gekochte Essen verspeisten und uns unter anderem mit Fitnessvideos aus dem Internet in Form hielten.

Ohne Job und immer noch ohne Gegend, die uns als Lebensmittelpunkt zusagte, machten wir uns auf die Suche im Internet nach saisonaler Arbeit in der Landwirtschaft. Die erste Zusage erhielten wir von einem Weingut (ich denke Wein scheint hier der rote Faden in meiner Geschichte zu sein) im „Département Savoie“, das in den französischen Alpen liegt. Danach kam noch eine Zusage aus der Region „Champagne-Ardenne“, aus der der weltberühmte Champagner kommt. Mir gefiel jedoch die Idee, in den Bergen zu sein und gegebenenfalls eine Wandertour am schneeweißen Mont Blanc zu machen. Im Mai packten wir unser Auto (das sollte die nächsten Monate unser Zuhause sein) und es ging los in die Berge. Ich liebte diesen Sommer. Es fühlte sich nach der Enge der Stadt einfach nur nach Freiheit an und jeden Tag kostete ich das Leben voll aus. Wir arbeiteten an der frischen Luft auf den Weinfeldern und hatten supernette Kollegen. Es waren einige andere junge Leute aus ganz Frankreich und Italien mit dabei, da viele Alternativen zu ihren üblichen Jobs suchten, die während des Lockdowns erst einmal „auf Eis“ gelegt waren. Wir schliefen den ganzen Sommer in unserem Volkswagenbus (übrigens namens „Otis“, der Name wurde ihm allerdings schon von seinem Vorbesitzer verliehen zu Ehren des Sängers Otis Redding) und verbrachten die Abende oft mit „Apéro“ am See zusammen mit den anderen Arbeitskollegen.

Ich schweife an dieser Stelle ein bisschen ab in die Welt der kulinarischen Gepflogenheiten und gebe für die lieben Leser:innen, die mit „Apéro“ (oder „Apéritif“) weniger vertraut sind, eine kleine Einführung in dieses Konzept:

Im Süden (ich kannte es aus Marseille) wird Apéro Punkt 19:00 Uhr veranstaltet, in nördlicheren Gegenden auch schon um 17:30/18:00 Uhr. Es ist quasi eine Einleitung auf das darauffolgende Abendessen. Der Magen soll sich mit Hilfe des Alkohols „öffnen“ (so wurde es mir jedenfalls in Frankreich erklärt) und der Appetit somit angeregt werden. Bei meinem deutschen Magen war der Appetit, genauer gesagt der „Bärenhunger“ schon automatisch um 18 Uhr da.

Auf jeden Fall ist „Apéro“ ein gemeinsames, geselliges Beisammensitzen, Trinken von meistens Wein oder anderen leichteren alkoholischen Getränken und Knabbern von Snacks. Man tauscht sich aus, diskutiert über den Tag, und die neuesten Themen werden besprochen. Es ist ein belangloses Miteinander.

Jedenfalls erlebte ich in meiner Anfangszeit in Frankreich und Marseille Apéro so, dass ich um diese Uhrzeit schon einen wahnsinnigen Hunger hatte und diesen mit den Snacks stillte, die z. B. aus „Tapenade“ (eine Olivenpaste), gebackenen Paprikas (im Süden natürlich mit viel Knoblauch), Käse, Wurst, Chips usw. bestanden. Natürlich gibt es beim „Apéro“ nicht immer zubereitete Häppchen. Wenn es schnell gehen soll, werden auch oft nur Oliven, Käse und Supermarktsnacks gereicht. Alkohol ist jedoch immer mit dabei.

Wie gesagt, konnte ich mich mit diesen kleinen Knabbereien oft schon manisch vollfressen, sodass ich beim darauffolgenden Hauptessen schon ziemlich satt war. Das Essen fällt bei Familienabenden sehr üppig aus und besteht normalerweise aus Hauptgang, Salat, Käse und Nachspeise (bei uns oft Kuchen). Mein Magen hat sich erst mit der Zeit umgestellt und sich an die Essensgepflogenheiten in Frankreich gewöhnt.

Der Vollständigkeit halber ist es natürlich noch wichtig zu erwähnen, dass es auch ein „Apéro dînatoire“ gibt. Das bedeutet, der Apéro geht nahtlos in das Essen über, das hierbei auch aus etwas größeren Snacks und Fingerfood (wie im Spanischen den „Tapas“) besteht. Es wird sich mit Fingerfood satt gegessen und hierbei ausgiebig (vor allem im Süden!) diskutiert. Es ist wie eine deutsche Brotzeit, nur mit viel reichlicherer und abwechslungsreicherer Auswahl an Essbarem und mit einer bei weitem längeren Dauer.

In Marseille trafen wir uns für „Apéro“ und „Apéro dînertoire“ oft an heißen Sommerabenden bei Familie und Freunden und badeten in den Schwimmbecken, die viele Leute im Garten oder auf den Terrassen haben.

Jetzt aber zurück zur Geschichte! Auf alle Fälle fühlten wir uns pudelwohl in den Bergen Savoies, oder eher im Tal, dort ist nämlich die Weingegend. Die Natur ist traumhaft. Im Sommer sind die Bergwiesen Blumenmeere, in den Dörfern gibt es Brunnen mit frischem Trinkwasser aus den Bergen kommend und die Menschen sind hier auf dem Land sehr freundlich, offen (bei Dorffesten auch ausgelassen) und immer für ein Gespräch bereit. Im Tal des „Combes de Savoie“ ist es mild und die schneebedeckten Berge im Hintergrund (Schnee ist hier übrigens „l'or blanc“, also „das weiße Gold“ – aufgrund der Wintersportindustrie) bilden immer eine schöne Kulisse. Außerdem gibt es „gnôle“. Das Trinken vermittelt mir gleich Heimatgefühle, weil es unserem Schnaps ähnlich ist.

Es gibt immer neue Wanderwege zu entdecken, lustige Dorffeste, kalte Seen und natürlich die berühmten Käsesorten aus den Bergen wie „Abondance“, „Beaufort“, „Tome des Bauges“ etc., um nur einige aufzuzählen. Frankreich hat anscheinend über 1 000 verschiedene französische Käsesorten. Diese durchzuprobieren, könnte man sich als Lebensaufgabe vornehmen.

Dies alles hört sich sehr romantisch an, so empfand ich auch die erste Zeit dort und die Gegend war uns einfach sehr sympathisch. Später holte uns natürlich der normale Alltag(swahnsinn) auch hier ein, aber wie beim Verliebtsein war die erste Zeit einfach traumhaft.

Um beim Essen zu bleiben: Nico liebt hier auch die selbstgemachten Terrinen aus Wildfleisch. Es gibt zahlreiche Jäger, die es auf Gemsen, Wildschweine und andere Tierlein abgesehen haben.

Für mich als Vegetarierin (momentan Veganerin) stellt generell Frankreich meist eine Herausforderung dar. Ich fühle mich oft wie in die Anfangszeiten als Vegetarierin vor mehr als 25 Jahren in Deutschland zurückversetzt. Damals war eine vegetarische oder vegane Lebensweise wenig bekannt und kaum toleriert und ich wurde deswegen des Öfteren, vor allem in meiner bayerischen Familie und meinem Freundeskreis damit geneckt.

Heute stoße ich in Frankreich häufig wieder auf Unkenntnis und Erstaunen über das Ablehnen von den in Frankreich zahlreichen essbaren Tieren. Mir erscheinen die Franzosen aber eher erstaunt, warum man so etwas gut Schmeckendes ablehnt, und vor allem auch sehr besorgt, was ich dann nun essen könnte. Weiterhin wird nun abermals über mich gescherzt und mich geneckt (im französischen „taquiner"). Problematisch sind auch die lokalen Restaurants, in denen es meistens nur Menüs mit Fleisch oder Fisch gibt, nach dem Motto „zu einem richtigen Essen gehört etwas Tierisches". Wobei die Auswahl am Tierischen, das die Franzosen als Leckereien ansehen, ja größer und vielfältiger ist als in Deutschland.

Um noch einmal auf das „taquiner" einzugehen: Dieses „Necken", „Veräppeln" oder „Sticheln" von Leuten (natürlich von Freunden und Familie, Arbeitskollegen usw.) lieben die Franzosen. Es ist ein ganz eigener Humor, den ich meistens immer noch nicht so ganz verstehe und dann nicht selten ein bisschen beleidigt reagiere. Ich hatte zum Beispiel letztes Weihnachten „aus Spaß" und zur Belustigung aller das riesige Stück „foie gras" (Enten- oder Gänsestopfleber) auf meinem Teller. Auch mein Freund sieht „taquiner" als „Sport" an und macht das ständig mit mir. Das Problem bei diesen Sticheleien für mich als Deutsche ist, dass die Neckereien „bierernst" formuliert werden und mir sich deswegen oft der Witz daraus nicht erschließt (ich sehe das Gesagte als Tatsache). Mein Freund sagt immer, bei der ernsten Formulierung liegt der Humor. Na ja gut, Humor ist halt nun einmal verschieden, auch von Land zu Land und von Kultur zu Kultur.

Wir entschlossen uns jedenfalls, das Département Savoie als unsere neue Heimat anzusehen und überbrückten den darauffolgenden Herbst in „Air BnB" Wohnungen, bis wir im Dezember 2020 ein kleines Appartement im selben Ort unseres „Weingutes" (unserer ersten Arbeitsstelle) fanden. Im Herbst und Winter arbeiteten wir in Rebschulen. Die Gegend müsste meines Wissens der zweitgrößte Produzent der jungen Rebpflanzen in ganz Frankreich sein. Der Grund der vielen Rebschulen ist die Reblaus, die mit der Kolonialisierung per Boot aus Amerika nach Europa kam und die Wurzeln der hiesigen Rebsorten zum Fressen gerne hatte. Die Reblaus löste in ganz Europa katastrophale Weinernten aus, Katastrophen für Weinbauern und Weintrinker. Um die hiesigen Rebsorten resistent gegenüber dem gefräßigen Insekt zu machen, werden diese mit amerikanischen Rebstöcken „veredelt". So lebten und arbeiteten wir eine Weile zu zweit, bis dann im Juni 2021 unsere kleine Tochter zur Welt kam, sozusagen eine deutsch-französische Kooperation, die natürlich erst mal unser Leben ganz schön umkrempelte, aber auch ganz schön bereicherte. Weiterhin gründete Nico in unserer Garage eine kleine, bayerisch angehauchte Brauerei (wir haben unter anderem über 70 Kilo Malz beim letzten Heimatbesuch mit nach Frankreich transportiert).

Ich bewältige mittlerweile meinen Alltag hier in den Savoyen mal mehr, mal weniger meisterhaft. Es gibt auch nach wie vor mal größere, mal kleinere Stolpersteine. Was die französische Sprache anbelangt, gibt es bei mir noch einige riesige Stolpersteine. Ich möchte gar nicht so genau wissen, was ich schon alles Lustiges und Bizarres gesagt habe. Vor allem, da in Frankreich häufig Wörter auch doppeldeutig (nicht so ganz jugendfrei!) verwendet werden. Ebenso entsteht des Öfteren bei einer kleinen, feinen und unterschiedlichen Nuance in der Aussprache dann am Ende ein komplett anderer Zusammenhang.

Was ich an meiner fränkischen Heimat sehr schätze, ist unsere direkte Art. Diese Art ist natürlich in meiner Wahlheimat auch nicht so ganz die elegante (französische) Art. Hier wird viel zwischen den Zeilen gelesen, Sachen sehr diplomatisch ausgedrückt oder auch einfach darüber geschwiegen. Das hält und hielt mir in der Vergangenheit natürlich auch einige Fettnäpfchen bereit.

Was ich im Gegenzug sehr an Frankreich liebe ist das „savoir vivre", also „das Wissen, zu leben" oder „eine gute Lebensart" zu pflegen. Das Leben und alle guten Dinge, wie zum Beispiel mit Familie und Freunde lange zusammensitzen, ausgiebig zu diskutieren, das Essen zu zelebrieren und weniger für die Arbeit zu leben, sondern vielmehr für den Genuss, wird in Frankreich oft großgeschrieben. Hinzu kommt noch die weitaus größere Gelassenheit und die Prise Humor, die meistens mit dazu gehört.

Die andere Bedeutung von „savoir vivre" ist eine gewisse Form von Höflichkeit, Anstand im Umgang miteinander sowie Eleganz.

Falls es (natürlich abgesehen von Familie und Freunde aus Deutschland) nur noch so etwas wie „dm“ oder andere Drogeriemärkte geben würde, wäre das Leben perfekt hier. Ach, und natürlich fehlt mir jemand, der versteht, gute Klöße zu kochen.

Es folgen hier noch einige Informationen zu „meinem Département Savoie“:

Das heutige Département Savoie ist ein Teil der Landschaft und des früheren Herzogtums Savoyen.

88 Prozent seiner Fläche sind, laut Internet, von den Alpen bedeckt. Dies bedeutet, dass Savoie das Département mit dem größten Anteil an Bergland in Frankreich ist. Weiterhin ist die Gegend gesegnet mit Wasser – es gibt jede Menge Niederschlag und zahlreiche Flüsse und (Berg-)Seen.

Die Orte in Savoie (und ihre Täler und Berge) haben oft ihr eigenes „Mikroklima“. Das heißt zum Beispiel, dass der Niederschlag auf der einen Seite des Flusses sehr hoch ist und die andere Seite die „Sonnenseite“ ist und es bei Weitem weniger regnet. Wir wohnen übrigens auf der „Sonnenseite“ nahe dem Fluss „Isère“, der seinen Ursprung im Nationalpark „Vanoise“ (Département Savoie – nahe der Grenze zu Italien) hat und in die „Rhône“ mündet, die wiederum bei Marseille ins Mittelmeer fließt. Die Landschaft meiner Wahlheimat erinnert demnach ein bisschen an „Heidi“.

Wir wohnen im Tal zwischen den Städten Chambéry und Albertville. Chambéry ist die Präfektur (sozusagen die Hauptstadt) des Département Savoie und das bekannteste Denkmal dort ist der „Elefantenbrunnen“, der zu Ehren des Generals „Benoît de Boigne“ errichtet wurde. Albertville wurde weltweit bekannt als dort 1992 die olympischen Spiele ausgerichtet wurden.

Angrenzend an Savoie liegt unter anderem das Département „Haute-Savoie“. Dort befindet sich die Stadt Annecy, das „Venedig der Alpen“ und die zweitteuerste Stadt Frankreichs. Annecy erinnert aufgrund ihres Flusses, der die Stadt durchkreuzt, und ihres Sees an das italienische Pendant. Man kann dort auf den Brücken des Flusses herrlich einen Espresso in den kleinen (im Sommer von zahlreichen Touristen besuchten) Cafés genießen.

Die Kultur Savoies:

In Savoie haben einige Wörter der früheren „savoyischen Sprache" „überlebt" und werden vor allem von den älteren Bewohnern heute noch benutzt. Die Sprache an sich spricht allerdings niemand mehr und meiner Erfahrung nach verschwinden diese alten Wörter auch mit der Jugend immer mehr. Einige heute noch sehr geläufige Beispiele sind:

- „Tartif'" für Kartoffel (davon ist auch z. B. der Name des Gerichts „Tartiflette" abgeleitet, das aus Kartoffeln, Speck und Zwiebeln, überbacken mit Käse, besteht).
- „Wed'ze" für „Zick Zack" (das Wort ist übrigens auch eine Marke der französischen Outdoorfirma „Decathlon")
- „Villard" für Dorf (auf Französisch „village")

Die Bewohner Savoies benutzen auch einige „savoyische Sprichwörter" in ihrem Alltag:

- „La grand-mère, elle a bu la gnôle, elle a sauté a pieds joints" (frei übersetzt: „Die Großmutter, die „gnôle" getrunken hat, hüpft auf beiden Beinen" – hier wird auf den „gnôle", den savoyischen Schnaps, angespielt)
- „Qui boit la gnôle, casse la bagnole" (frei übersetzt: „Wer „gnôle" trinkt, fährt sein Auto kaputt" und wird benutzt, um mit dem Trinken z. B. in der Bar aufzuhören)
- „Savoie ou bien?" (im Französischen „Ça va ou bien?" – ein Wortspiel, das man vielleicht mit „Alles klar, oder ...?" übersetzen kann)
- „Vindieu" (ist das savoyische Pendant zum französischen „Putain", ein Schimpfwort, das ständig im Gebrauch ist).

Es gibt auch einige bekannte Marken aus Savoie, wie z. B.

- „Opinel“ (Messer/ Taschenmesser)
- „Bière du Mont-Blanc“ (die Brauerei befindet sich in Chambéry, das Bier wird mit dem Gletscherwasser des Mont-Blanc gebraut)
- „Croibleu“ (eine Hustenbonbon-Marke, die anscheinend beim Alkoholtest im Straßenverkehr helfen soll, den getrunken Alkohol zu verschleiern ...)
- „Rossignol“ (eine Sportmarke für Ski, Fahrrad usw.)

Savoie und die Leute dort sind geprägt vom Outdoorsport. Im Winter gibt es „l'or blanc“ („das weiße Gold“, wie der Schnee in Savoie bezeichnet wird) und dementsprechend zahlreiche Skistationen. Für jeden Geldbeutel wird je nach Skiort einiges geboten.

Im Sommer sind es Sportarten wie Gleitschirmfliegen, Wandern, Traillauf (Form von Langstreckenlauf, der abseits asphaltierter Straßen stattfindet), Rollski und Fahrradfahren/Rennrad („Tour de France“) bzw. Mountainbike, die auf dem Programm stehen. Die vielen Nationalparks laden hier zum Wandern, zum Sport machen und zur Erholung in der Natur ein.

Spezialitäten Savoies:

Im Vordergrund steht hier der Käse. Oft gibt es von der gleichen Käsesorte u.a. einen „Winter- und einen Sommerkäse“. Die frischen Bergkräuter, die die Kühe fressen, verleihen vor allem dem „Sommerkäse“ einen einzigartigen Geschmack. Bekannte Käsesorten aus Savoie und Haute-Savoie sind zum Beispiel „Reblochon“, „Tome des Bauges“, „Tomme de Savoie“, „Beaufort“ und „Abondance“.

Das Essen hier ist ein typisches, fetthaltiges Essen aus den Bergen. Der Hauptbestandteil der Speisen in Savoie ist vor allem Kartoffeln, Speck und

Käse. Daraus entstehen dann verschiedene Variationen an Gerichten, zum Beispiel:

- „Raclette“: In Frankreich besteht dieses Gericht aus Kartoffeln, „cornichons“ (Gewürzgurken), „charcuterie“ (getrocknetem/geräuchertem Fleisch und Wurst) und Käse. Im Gegensatz zu dem „deutschen Raclette“, bei dem alles Mögliche (von Gemüse bis hin zu Garnelen) auf „den heißen Ofen“ kommt, werden die Zutaten in Frankreich strikt eingehalten.
- „Croziflette“: ist ein Gericht mit Buchweizennudeln in Form von kleinen „Vierecken“, Speck und „Crème fraîche“, das im Ofen mit Käse überbacken wird.
- „Fondue savoyard“: ist ein Käsefondue mit drei verschiedenen Käsesorten, das je nach Rezept wahlweise mit „Comté“, „Beaufort“, „Abondance“, „Emmental“ oder „Gruyère suisse“ gemacht wird.
- „Farcement“: sieht aus wie eine Art Kuchen oder „Gugelhupf“, der neben Kartoffeln und Speck auch aus Früchten bzw. Pflaumen besteht.
- „Matouille“ oder „Tome des Bauges chaude“: ist ähnlich dem Käsefondue, allerdings besteht das Gericht nur aus einer Käsesorte, dem „Tomme des Bauges“ und anstelle des Baguettes werden Kartoffeln eingetaucht.
- „Diots“: Das Gericht besteht zur Abwechslung mal nicht aus Kartoffeln und Käse, sondern ist eine savoyische Wurst, die normalerweise mit Zwiebeln und Wein gekocht oder auch gegrillt wird. Traditionell wird dazu Polenta oder Kartoffeln gereicht.
- „Tartiflette“: Das Gericht besteht aus Kartoffelscheiben, „Crème fraîche“, Speck und Zwiebeln, die mit „Reblochon“-Käse überbacken werden.
- „Matafan“: ist eine Art Pfannkuchen oder „Tortilla“, die aus Kartoffeln und Speck besteht oder auch süß zubereitet werden kann mit Äpfeln.

Des Weiteren ist die Gegend für Heidelbeeren, Esskastanien und Walnüsse bekannt.

Zu den kräftigen Speisen gehört natürlich auch ein kräftiges „Wässerchen“, um die Verdauung zu fördern. Wie schon einige Male erwähnt, gibt es „gnôle“ (auf Französisch „l'eau de vie“), das dem Schnaps ähnlich ist. Als Variation wird „gnôle“ meist in den heimischen Kellern mit frischen Tannen- bzw. Fichtenknospen hergestellt und heißt dann „Sapinette“. Es gibt hier einige Leute, die auch eine „Viper“ (also die Schlange) in „gnôle“ einlegen. „Viperine“ soll, nach Aussagen der Menschen hier, eine Medizin sein und gegen einige Beschwerden wie Erkältung, Husten usw. helfen. Irgendwie habe ich das Gefühl, dass vor allem ältere Leute hier „gnôle“ aus allem Möglichen herstellen.

Neben dem „gnôle“ gibt es bekannte Marken von Kräuterlikören wie „Chartreuse“ und „Génépi“.

Der „Vin de noix“ ist ein Likör, der u.a. aus Walnüssen besteht und wie auch der „gnôle“ hausgemacht ist. Man findet diesen wirklich sehr leckeren Likör eigentlich nur beim „Nachbarn seines Vertrauens“.

Wein und Rebsorten aus Savoie:

Savoie war früher keinesfalls bekannt für seinen Wein. Im Gegenteil, dieser hatte bis vor etwa 20-30 Jahren eine eher schlechte Qualität. Dies hat sich allerdings geändert. In den Tälern, die sehr warm sind, gedeihen einige gute Trauben.

Weißweine aus der Gegend sind u.a. „Jacquère“ und „Roussette“ (der aus der Rebsorte „Altesse“ besteht). Aber auch „Chardonnay“, „Roussanne“ oder „Bergeron“ genannt und „Pinot gris“ gibt es hier. Die Rebsorten dieser Weine kann man allerdings auch in anderen Teilen Frankreichs finden.

Für einen typischen Rotwein in Savoie steht der kräftige „Mondeuse“. Es wird auch viel „Gamay“ und „Pinot noir“ produziert, die ebenfalls in anderen Gegenden zu finden sind. Der „Persan“ ist wiederum eine in Savoie heimische und sehr alte Rebsorte.

Berühmt ist auch der „Crémant de Savoie“, der aus drei Rebsorten besteht und bei dem dieselbe Herstellungsmethode wie beim „Champagner“ angewandt wird.

„Les vignes“ und „pépinières viticoles“ („die Weinfelder“ und „Rebschulen“):

Es gibt ganzjährig Arbeit auf den Weinfeldern, die ihren Höhepunkt mit „la vendange“ („der Weinlese“) nimmt. Um meinen Wohnort herum befinden sich ebenso zahlreiche Rebschulen, die die neuen Weinpflänzchen produzieren, die danach an die Weingüter in ganz Frankreich und auch europaweit verkauft werden. Meines Wissens ist die Gegend hier der zweitgrößte Produzent der neuen Weinpflanzen in Frankreich.

Bei „le greffage viticole“, die etwa im Februar beginnt, wird als Unterlage eine reblausresistente amerikanische Rebe genommen, auf der eine heimische Weinrebe „aufgepfropft“ wird. Daraus entsteht eine Pflanze, welche die gewohnte Qualität der Trauben und gleichzeitig eine hohe Widerstandskraft gegen die Reblaus hat.

Wie in meiner Geschichte schon erwähnt, ist der Grund dieses Vorgehens die Reblaus, die im 19. Jahrhundert auf dem Seeweg von Amerika nach Europa gebracht worden ist. Dieses kleine Insekt befällt die Wurzeln der Weinpflanzen und hat anscheinend die europäischen Weinsorten zum Fressen gerne.

Die neuen Weinpflänzchen werden danach im Mai auf die Felder gepflanzt, auf denen sie bis etwa November wachsen dürfen. Danach folgt „le triage“. Bei diesem Arbeitsschritt werden die Pflanzen vom Feld „geerntet“, aussortiert, zurechtgestutzt, paraffiniert (zum Schutz mit Paraffin überzogen) und in Bündeln zum Weiterverkauf verpackt. So landen die neuen Pflanzen, je nach Sorte, auf den verschiedenen Weingütern und wachsen hoffentlich zu Weinstöcken mit wunderbaren Trauben heran, aus denen der großartige Wein Frankreichs entsteht.

Soviel zu meiner Hommage an den Wein und an mein wundervolles Département Savoie. Ich hoffe, ich konnte Sie damit begeistern und vielleicht kreuzen sich einmal unsere Wege, z. B. bei Ihrem Besuch in Savoie.

Christine und Thomas Bendlin

Seit 2021 in Frankreich im Département Ariège (09)

Leben und Arbeiten in unserem Paradies

„Was würdest Du tun, wenn Du genau wüsstest, dass es funktioniert?" Diese Frage hat mich vor ein paar Jahren einfach nicht mehr losgelassen. Was hatte ich bis jetzt gemacht? Was war bisher die beste Zeit in meinem Leben? Was will ich eigentlich wirklich gerne machen?

Seitdem ist viel passiert. Genau heute vor einem Jahr haben wir beim Notar gesessen und die entscheidende Unterschrift unter den Kaufvertrag für unser neues Zuhause in Frankreich gesetzt. Und jetzt sitze ich hier am Schreibtisch, schaue über grüne Hügel auf die noch schneebedeckten Pyrenäen unter einem strahlend blauen Himmel und schreibe unsere Geschichte.

Am Ende meiner Bankausbildung stand ich vor der Entscheidung, wie es nun weitergehen sollte. Die Optionen „Weiter bei der Bank arbeiten" oder studieren (BWL oder VWL) standen eigentlich zur Wahl, als mich der Slogan „Leben und Arbeiten im Paradies" von einem renommierten Cluburlaub-Anbieter in seinen Bann zog. So wurde ich vom Bankkaufmann zum Animateur und verbrachte eine tolle Zeit in den verschiedensten Ferien-Clubs in der Türkei, Spanien, Griechenland und in der Schweiz.

„Leben und Arbeiten im Paradies!" Knapp 30 Jahre später kam mir dieses Motto bei meinen anfangs erwähnten Überlegungen wieder in den Sinn und hatte mich ein zweites Mal spontan infiziert. Allerdings mit einem kleinen, aber nicht unerheblichen Unterschied. Das Update lautete jetzt: „Leben und Arbeiten in unserem Paradies!"

Und wie sollte dieses Paradies aussehen? Ein schöner, alter, etwas abgelegener Bauernhof in Spanien mit ein paar Ferienhäusern, Scheune, Stall und ein wenig Land für einige Tiere. Nach Wochen des Grübelns war die Idee geboren und ich hatte eine Antwort auf die Eingangsfrage gefunden. Hurra!

Was würde wohl Christine, meine Frau, auf diese Frage antworten? Grundsätzlich war das Thema „Ausland" schon immer ihr Ding. Nach einem ganzen Jahr Highschool in den USA, der Ausbildung zur Reiseverkehrskauffrau, einer langen Australien-Reise und ebenfalls ein paar Einsätzen als Animateurin ist das nicht ganz überraschend. Und so kam die Antwort ohne nachzudenken:

„Dann würde ich eine Frühstückspension in Frankreich aufmachen!"

Krass! Auf der einen Seite also „Ferienhäuser in Spanien", auf der anderen „Frühstückspension in Frankreich". Die Richtung stimmte! Und dass es am Ende Ferienhäuser in Frankreich geworden sind, klingt auf den ersten Blick zwar nach einem romantischen Kompromiss, hat aber eigentlich ganz praktische Gründe.

Früh aufzustehen, ist im Grunde zwar ganz okay aber früh aufstehen zu müssen, um anderen das Frühstück zu machen, das wir selber für uns eher weniger zelebrieren, hatte zum Glück schnell seinen Reiz verloren. Also nur noch die Frage: Frankreich oder Spanien?

Das war eigentlich ein offenes Rennen. Da von Christine schnell der Zusatz kam „… aber erst, wenn unsere Jungs aus dem Haus sind!", gab es noch locker mindestens 2-3 Jahre Zeit für eine ordentliche Internet-Recherche. Und hier war schnell klar: In Spanien gab es da irgendwie nichts Ordentliches im Angebot. Später habe ich erfahren, dass es in Spanien meist noch ganz klassisch über die Makler vor Ort geht und im Internet daher auch nicht so viel zu finden war.

Also Frankreich, und hier war das Angebot wirklich umfangreich. Nach rund zwei Jahren regelmäßiger Suche hatte ich immer noch nichts Passendes gefunden, da unsere Ferienhäuser gerne ein wenig abseits von unserem Haus liegen sollten. Und das gab es leider nicht auf dem Markt. Dennoch rückte der Zeitpunkt näher, dass unsere Jungs flügge wurden und zumindest schon einmal konkreter überlegten, ihr Nest Richtung Köln zu verlassen. Daher planten wir im September einfach einmal eine kleine Rundreise in der Region um Toulouse mit einem Abstecher in die Pyrenäen, um Land und Leute (okay, mehr das Land, besonders mein Französisch reichte bei den Leuten eher nur für einen visuellen Eindruck) kennenzulernen. Gleichzeitig wollten wir uns auch einmal mit verschiedenen Maklern treffen, um ein paar Objekte anzuschauen, die zum Verkauf standen. Einfach nur, um Erfahrungen zu sammeln.

Der Plan „einfach nur gucken" hat auch bei den ersten drei Objekten wunderbar funktioniert, beim letzten Objekt, das noch ganz kurzfristig im Internet auftauchte, ging dieser Plan allerdings ganz schön in die Hose.

Nur rund 15 Minuten vom wunderschönen Mirepoix entfernt liegt das beschauliche Limbrassac. Ein sehr übersichtliches 136-Einwohner-Dorf, in dem der Friedhof noch das Lebendigste des ganzen Ortes zu sein scheint. Und etwas abseits: Unser kleines Paradies! Auf einem kleinen Hügel, umgeben von 37 Hektar eigenen Wiesen und Wäldern mit traumhaftem Blick auf die Pyrenäen, liegt idyllisch unser neues Zuhause. Das Wohnhaus ist direkt mit einer großen Scheune verbunden, daneben ein Stall und in angenehmer Entfernung vier Ferienhäuser (plus zwei weitere, die sich allerdings noch im Rohbau befinden). Das Besondere: Bei den Ferienhäusern hatte sich der Besitzer, ein holländischer Schreiner, vom Film „Herr der Ringe" inspirieren lassen. Und so erwarteten uns bei der Besichtigung vier sehr außergewöhnliche Hobbit-Häuser, die unsere damals eher geringen Erwartungen um ein Vielfaches übertrafen. Abgerundet wird das Ganze für die Urlauber durch einen großen Pool mit einem traumhaften Blick auf die Berge. Das Haupthaus war zwar nicht perfekt, aber auch besser als erwartet, und dass man vom Wohnzimmer praktisch direkt in die Werkstatt und Scheune gehen kann, ließ mein Handwerkerherz direkt höherschlagen.

Ganz entscheidend war dann allerdings der Rundgang über das Grundstück. Es war ein wirklich heißer Septembertag und nach einem kurzen Marsch durch ein angenehm kühles Waldstück kamen wir auf eine kleine märchenhafte Lichtung. In diesem Moment bekam ich überall Gänsehaut und habe nur gedacht: „Das ist es!“ Also stand ich jetzt auf dieser Lichtung und war vollkommen … – keine Ahnung, was ich war, es war auf jeden Fall sehr intensiv.

Sollte das wirklich so sein? Hobbit-Häuser von einem holländischen Schreiner über eine holländische Maklerin in Südfrankreich? Scheinbar ja! Über den Preis sind wir uns zwar schnell einig geworden, allerdings gab es immer noch drei große Hürden zu überwinden:

Hürde Nummer eins: Das Vorkaufsrecht! Grob ausgedrückt haben in ländlichen Gebieten die angrenzenden Landwirte ein bis zu zweimonatiges Vorkaufsrecht, das in Zeiten von Corona auch vermehrt genutzt wurde.

Hürde Nummer zwei: Der Hausverkauf! Unser Haus in Deutschland zu verkaufen, sollte zwar eigentlich kein großes Problem darstellen, allerdings war hier gutes Timing gefragt, damit wir am Ende nicht obdachlos dastehen.

Hürde Nummer drei: Die Finanzierung! Diese Hürde war eigentlich die kleinste – aber auch nur eigentlich …

Was folgte, war eine monatelange emotionale Achterbahnfahrt. Und die war wirklich interessant und aufregend, um das einmal positiv auszudrücken. Allein die Entscheidung, unser bisheriges durchaus schönes und sicheres Leben aufzugeben und ein völlig neues und unbekanntes anzufangen, war garantiert die schwerste überhaupt. Natürlich hatten wir auch Zweifel. „Ist das wirklich richtig?“, war dabei noch die rationale, beschönigte Frage an dieser Stelle. Die ehrliche Frage lautete: „Sind wir eigentlich total bescheuert?“ Aber immer, wenn unser Projekt „Frankreich“ kurz vor dem Scheitern stand und wir am Boden zerstört waren, wussten wir definitiv: Ja, wir wollen das wirklich!

Das Ganze gipfelte dann am 12. Februar in ein großes Staffelfinale. Das Vorkaufsrecht in Frankreich lief aus, der Notartermin für den Hausverkauf in Deutschland stand und die Finanzierung sollte dann auch längst im Trockenen sein. Zufällig war das auch noch Karnevalsfreitag (und das bei uns im

Rheinland) und noch zufälliger mein 50. Geburtstag. Es war also alles angerichtet für eine große, französische Karnevals-Geburtstags-Abschieds-Party.

Die gab es allerdings nicht, nur so viel vorab: 50 Jahre alt bin ich an diesem Tag geworden – das war aber auch das Einzige. Karneval und die damit verbundene Party fielen wegen Corona aus. Der geplante Notartermin für den Verkauf unseres Hauses in Deutschland wurde vom Käufer eine Stunde vorher abgesagt. In der Bestätigungsmail, dass das Vorkaufsrecht nicht ausgeübt wurde (Hurra!!!) stand einen Satz weiter unten, dass wir eine uns unbekannte Frist versäumt hatten. Daher hatte der Verkäufer jetzt das Recht, sich einen anderen Käufer zu suchen und wir hatten wieder nicht die Sicherheit, das Haus auch wirklich zu bekommen. Das hätte also insgesamt doch etwas besser laufen können.

Wir waren mittlerweile allerdings schon sehr erfahren, was das Thema „Rückschläge“ anging, also haben wir den Stier nach kurzer Schockstarre bei den berühmten Hörnern gepackt und zumindest zwei der möglichen Stolpersteine kurzfristig aus dem Weg geräumt.

Nach Rücksprache mit dem Verkäufer in Frankreich und noch wichtiger mit unserem (etwas) deutschsprachigen Notar, was leider erst nach einem gefühlt sehr langen Wochenende möglich war, konnten wir sicher sein, dass wir unser Stück Frankreich auch wirklich bekommen. Mit den Käufern von unserem Haus waren wir ein paar Tage später dann doch noch beim Notar, so dass wir jetzt nur noch die Finanzierungsbestätigung brauchten. Das war aber lediglich eine reine Formsache und innerhalb von ein paar Tagen erledigt, da coronabedingt nur noch ein Gutachten auf sich warten ließ.

Das dachten wir zumindest. Diese Formsache zog sich dann allerdings doch noch extrem in die Länge. Es war an einem Freitag gegen 11 Uhr, der Möbelwagen war bereits voll bepackt, das Haus war fast besenrein (nur die Hühner liefen noch nichtsahnend durch unseren Garten und auch unsere Bienen flogen noch fleißig durch die Gegend) als wir die erlösende E-Mail mit der schriftlichen Zusage bekamen. Wow, als wäre das nicht schon alles spannend genug gewesen.

Es konnte also tatsächlich losgehen. Nach einer letzten kurzen Nacht in unserem alten und jetzt leeren Haus brauchten wir nur noch die Hühner einzupacken und dann: Auf geht's! C'est parti! 15 Stunden und zahlreiche Pausen (besonders für Hund und Hühner) später, waren wir endlich in unserem neuen Zuhause angekommen. Als eine Stunde später auch noch unser Möbelwagen ankam, den die beiden Engel Marc und Wolfgang aus unserem Freundeskreis gefahren haben, konnte es losgehen – ganz nach dem Motto „Leben und Arbeiten in unserem Paradies“!

Und wie sollte unser neues Leben aussehen?

Natürlich haben wir viele Ideen, Pläne und Träume mitgebracht und auch jede Menge Lust, diese jetzt auch umzusetzen. Folgende Überschriften standen auf unserer ToDo-Liste:

1. Vermietung unserer vier Ferienhäuser
2. Bau- bzw. Fertigstellung von zwei weiteren Ferienhäusern
3. Fertigstellung der Spielhalle in der Scheune
4. Renovierung unseres Wohnhauses
5. Unser Gemüsegarten
6. Unsere Tiere
7. Land und Leute kennenlernen
8. Die Bürokratie (Anmeldung, Bankkonto, Versicherungen etc.)
9. Französisch lernen
10. Das französische Leben genießen
11. Verschiedenes

Das klingt auf den ersten Blick schon recht viel, und das ist es auch. Allerdings durchweg fast alles Punkte, die einzeln betrachtet sehr viel Spaß machen und zu denen wir auch extrem viel Lust haben. Wobei der Spaßfaktor bei Punkt 8 und 9 zugegebenermaßen nicht ganz so groß bei uns ist. Frei nach dem Motto „Jedem Anfang wohnt ein Zauber inne“ konnte es also losgehen – fast.

Denn ganz am Anfang mussten wir ja erst einmal die ganz normalen Dinge erledigen, die bei einem Einzug anfallen: Möbel einräumen und Kartons auspacken! Am ersten Abend galt es aber nur noch, für Hühner, Bienen, Hund und Menschen geeignete Schlafplätze zu finden, dann noch Abendessen und ab ins Bett. Den darauffolgenden Tagen und Wochen kann man dann auch getrost die Überschrift „chaotisch" verpassen. Dass unsere Vorbesitzer Peter und Barbara noch wie vereinbart die ersten Monate in dem kleinen Appartement direkt neben unserem Haus wohnten, war für uns in vielen Dingen eine große Hilfe. Ein fettes „Merci" an die beiden.

Chaotisch wurde es allerdings dadurch, dass das Haus zwar wie vereinbart besenrein war, die eigentlich schon recht große Werkstatt und die noch viel größere Scheune (einen Keller gibt es nicht) aber leider mit dem Baumaterial für die beiden noch unfertigen Gîtes (Ferienhäuser), Peters Umzugskisten und Möbeln total voll waren. Und so mussten wir eine Vielzahl unserer Kartons erst einmal irgendwo stapeln, so dass in den ersten Wochen die meisten Sätze zwischen uns mit „Weißt Du zufällig, wo …?" anfingen.

Für die ersten zwei Wochen hatten wir auch tatkräftige Unterstützung von Robin und Tim, unseren beiden Jungs, sowie den Eltern von Christine. So dachten wir zumindest. Da Frankreich über Nacht zum Hochrisikogebiet wurde, halbierte sich diese Zeit ganz spontan. Das passte natürlich wieder überhaupt nicht in unsere Planung, aber Planänderungen kannten wir ja bereits. Irgendwie hat es aber dann doch noch funktioniert und auch wenn immer noch nicht alle Kartons ausgeräumt sind, konnten, mussten und wollten wir sehr zeitnah mit unseren anderen Herausforderungen starten.

Ganz oben auf der Liste stand die Vermietung der Gîtes. Natürlich stehen die Gäste während ihres Aufenthaltes bei uns im Mittelpunkt, aber es gab noch mehr zu tun. Die unterschiedlichen Buchungsportale kennenlernen, die Kommunikation (auch schon vor der Anreise) mit den Gästen, Reinigung (und eine Hilfe dafür finden), kleine Reparaturen, Poolpflege, Vorbereitung, Begrüßung, Wäsche waschen etc. Zum Glück ist Christines Mutter Angelika den ganzen Sommer hier gewesen, um uns besonders in der Hauptsaison zu unterstützen. Unsere Gäste kommen natürlich hauptsächlich aus

Frankreich, aber auch aus Deutschland, Holland und Belgien, und erweisen sich bis heute als durchweg nett und besonders was unser Französisch angeht als sehr verständnisvoll. Die gemütlichen Hobbit-Häuschen mit der ruhigen Lage und dem Pool (in den kalten Monaten mit dem Kaminofen) kommen sehr gut an.

Die Gegend ist durch die Nähe zu den Pyrenäen ideal zum Wandern, Radfahren und Skifahren, und zahlreiche weitere Ausflugsmöglichkeiten bieten jede Menge Abwechslung. So berichten unsere Gäste häufig begeistert von ihren Ausflügen, und dass es noch viel mehr zu sehen gegeben hätte, aber sogar zwei Wochen Urlaub einfach zu kurz waren. Auch für kleine Gruppen (z. B. Yoga, Wandern oder auch Familientreffen), die unser Dörflein inklusive Spielhalle dann komplett für sich haben, ist es super geeignet. Am Ende zufriedene Gäste verabschieden zu können, macht definitiv Spaß und ist immer wieder der gern genommene Lohn für den doch gar nicht so geringen Aufwand.

Der Weiterbau der beiden neuen Gîtes war ein anderer großer Punkt auf unserer Liste. Hier ging es „nur“ darum, aus bis zu vier Meter langen, ungehobelten geraden Balken schöne glatte gebogene Balken für das Dach herzustellen, wobei mir zum Glück Peter Schritt für Schritt alles erklärte. Also verbrachte ich meine Zeit jetzt hauptsächlich mit Hobeln, Leimen, Sägen, Leimen, Hobeln, Schleifen, Fräsen, Hobeln, Leimen und zwischendurch auch mal ein wenig Fluchen. Die insgesamt 168 Balken hatte ich so oft in der Hand, dass ich schon eine sehr intensive Beziehung zu jedem einzelnen aufgebaut habe. Nach rund einem Jahr war das aber tatsächlich geschafft. Zu unserem großen Glück hatten wir besonders im ersten Sommer sehr viel Besuch von unserer Familie und Freunden aus Deutschland, die alle tatkräftig mit angepackt haben. Ohne die wäre das alles gar nicht möglich gewesen. Bei unseren beiden Jungs Tim und Robin, Christines Eltern Angelika und Egin, Petra und Wolfgang, Carola und Marc, meiner Schwester Heike und Oliver, Christian, Eve und Rene, meiner Mutter Christel und meinem Neffen Lukas, Ilona und Jörg, Steffi und Henrik, Iris und Thomas, sowie Babeth und Thibault bedanken wir uns ganz herzlich.

Bei der Fertigstellung der Spielhalle (aufgrund der Form sollte man eigentlich besser Spieltunnel sagen) haben wir zum ersten Mal Hilfe über die Facebook-Gruppe „Urlaub gegen Hand" gefunden. Exemplarisch für unsere genialen, fleißigen und supernetten Helfer unsere erste Erfahrung etwas ausführlicher:

Der Rohbau der Spielhalle war bereits vorhanden und erinnerte eher an ein riesiges Walskelett. Die Decke und die Wände, was bei einem Tunnel ja ein fließender Übergang ist, haben wir noch alleine geschafft. Als es jedoch an die Stirnseiten inklusive Fenster und an den Boden ging, standen unsere beiden ersten Helfer Sandra und Michael nebst den drei Hunden Bonnie, Frieda und Egon (ein ungarisches Findelkind) bei uns vor der Tür und bildeten den Anfang unserer unglaublich großartigen Helferschar aus dem Internet.

Da beide gelernte Handwerker waren, wurde die Rollenverteilung unter uns schnell geändert. Bei unserem Kennenlernprojekt „Hühnerstall" haben die beiden noch uns geholfen, am Anfang zumindest. Schnell wurden wir dann allerdings eher zu den Helfern und spätestens bei der Spielhalle zu Lieferanten von Material. Wir konnten gar nicht so viel ranschaffen, wie die beiden verbaut haben. Wirklich unglaublich. Und das Ergebnis ist schon sehr beeindruckend. Unseren Gästen steht jetzt eine tolle Halle mit Tischtennis, Kicker, Darts, Gesellschaftsspielen, Büchern, Malstiften und für die Kleinen auch Lego zur Verfügung. Für Gruppen wird der Raum auch gerne zum Yoga- oder Gemeinschaftsraum umfunktioniert. Wir freuen uns sehr, dass die Spielhalle oft genutzt wird und wir das Lachen der Kinder von dort hören können.

Und das sind nur ein paar Beispiele von den vielen großen und kleinen Dingen, die die beiden hier vollbracht haben.

Aus mindestens einer Woche (so war die Überlegung am Anfang) wurden am Ende drei komplette Monate inklusive gemeinsame Weihnachten, Silvester, Christines 50. Geburtstag und einer Woche Urlaub in Spanien.

Sandra und Michael haben nicht nur mit ihren zahlreichen Projekten ganz viele Erinnerungen hier gelassen, sondern mit Egon sogar unseren neuen Vierbeiner. Der hat sich mittlerweile prima eingelebt und zum nächsten weltbesten Hund entwickelt. Unsere Naki, die uns noch bis fast zu ihrem 14. Geburtstag begleitet hat, hat er leider nicht mehr kennengelernt.

Und wo wir gerade beim Thema „Tiere" sind ...

Bereits in meiner Kindheit hatte ich mir im Laufe der Zeit bestimmt das komplette Sortiment unserer Lüdenscheider Tierhandlung gewünscht, nach jahrelanger Bettelei aber nur die Erlaubnis für einen Hamster bekommen. Die Voraussetzungen hier sind jetzt jedoch wesentlich besser.

Unser Land bietet uns auf der einen Seite eine Menge Möglichkeiten für unsere Tierplanung, auf der anderen Seite haben wir aber auch eine gewisse Verpflichtung, weil man besonders die Wiesen nicht einfach sich selbst überlassen darf.

Nachdem wir in unserem Troisdorfer Garten bereits Erfahrungen mit Kaninchen, Enten, Gänsen, Hühnern und Bienen gemacht haben, sind die Bedingungen jetzt auch für größere Tiere ganz hervorragend. Aber wer sollte unsere Wiesen und Wälder zukünftig bewohnen? Diese Frage haben wir uns natürlich schon in Deutschland gestellt und auch schon eine kuschelige, gutaussehende Lösung gefunden: Alpakas! Nach ein paar Recherchen im Internet, Buch und Alpaka-Socken, folgte ein Alpaka-Seminar und anschließend war klar: Nö, keine Alpakas! Ohne Frage sind das tolle Tiere, aber aufgrund unser Ridgeback-Dame Naki (zweifelsfrei der beste Hund der Welt) war der Bedarf an sturen und distanzierten Tieren erst einmal gedeckt.

Welche Tiere sind also zutraulich und friedlich, für die Landschaftspflege geeignet, robust, können das ganze Jahr über draußen bleiben, sind pflegeleicht und sehen auch noch super aus? Wir haben sie tatsächlich gefunden – unsere Galloways! Nach einem zweitägigen Galloway-Seminar, einigen Hofbesichtigungen und vielen durchweg supernetten neuen Kontakten waren sie einige Monate später dann endlich da: Acht knapp ein Jahr alte Kälber (sechs Mädels und zwei Jungs) und dazu noch eine ältere Mutterkuh, die zur Überraschung aller bereits einen Monat später unser erstes Kälbchen „Rudi" zur Welt brachte. Die Rinder dürfen und sollen das ganze Jahr über unsere Wiesen mähen und auch im Wald für Ordnung sorgen. Die ersten Wochen mit den Kühen waren eine ganz tolle Erfahrung. Die vierjährige Mutterkuh „Opharim" war bereits nach wenigen Tagen sehr zutraulich und die Kleinen brauchten auch nicht viel länger dafür.

Für den Wald haben wir zusätzlich noch andere Bewohner geplant. Da wir viele Eichen haben, darf sich hoffentlich bald ein Wollschweinpärchen an den Eicheln satt futtern und für ordentlich Nachwuchs sorgen.

Viel Spaß machen uns auch unsere Hühner. Besonders der erste Schlupf mit vier Küken aus Frühstückeiern vom Markt in Mirepoix war schon etwas Besonderes und da wir überhaupt nicht wussten, um welche Rasse es sich handelt, waren das mal echte Überraschungseier. Gleich das allererste Küken, das morgens aus der Schale purzelte, hatte einen ganz kahlen Hals, was ihm direkt den Namen Geier einbrachte. Erst später haben wir erfahren, dass es tatsächlich die Rasse „Nackthalshuhn" gibt. Jedenfalls war der Geier von Anfang an der frechste von allen und so wurde unser abendliches Fernsehgucken (auf Französisch natürlich) gemeinsam mit den vier gelben, zuckersüßen Küken auf unserem Sofa zu einem ganz besonderen Event.

Mittlerweile ist unsere Hühnerschar noch kräftig gewachsen und begeistert mit ihrer lustigen Art auch unsere Feriengäste – von den frischen Eiern einmal ganz zu schweigen.

Richtig fleißig sind auch unsere Bienen. Die erste Honigernte war ein voller Erfolg und hat unsere Erwartungen deutlich übertroffen. Auch bei unseren Gästen kommt der Honig zum Glück sehr gut an, so dass dieser zum ersten Produkt in unserem kleinen Hofladen wurde. Der Gemüsegarten bringt auch schon leckeres Essbares auf den Teller. Zahlreiche Versuche besonders mit alten Sorten von Tomaten, Erdbeeren, Knoblauch (der ist phantastisch),

Zwiebeln, jede Menge Zucchini usw. funktionieren überwiegend gut bis sehr gut und machen auf jeden Fall Lust auf mehr.

Im Frühjahr haben wir mit dem Weiterbau der beiden letzten Gîtes begonnen.

Dafür benötigten wir noch tatkräftige Unterstützung und nach einem weiteren Gesuch bei „Urlaub gegen Hand“ hatten wir schnell 13 motivierte Helfer zusammen. Leider hat dann ein paar Tage vor der geplanten Anreise der Helfer Corona ordentlich zugeschlagen und da waren es nur noch sechs. Trotzdem haben wir am Ende in kürzester Zeit gemeinsam mit nur drei Pärchen ein komplettes Dach vom ersten Dachbalken bis hin zur Isolierung fertigbekommen. Alleine über dieses Projekt könnte man wahrscheinlich ein eigenes Buch schreiben. An dieser Stelle daher ein besonderes Dankeschön an Luise und Martin, Carmen und Jan sowie Natalie und Dieter. Es ist einfach phantastisch, wie viele tolle, hilfsbereite und supernette Menschen wir auf diesem Wege schon kennengelernt haben.

Aufgrund der insgesamt doch sehr umfangreichen Projekte blieben für das Erkunden der zweifelsfrei tollen Gegend und das Kennenlernen der durchweg herzlichen Franzosen leider bisher nicht allzu viel Zeit. Trotzdem haben wir uns hin und wieder diesen Luxus zumindest mal einen halben Tag lang gegönnt. Besonders gefällt uns der Wochenmarkt in Mirepoix, der kleine Wasserfall in der Nähe (Roquefort-les-Cascades), die im Sommer in den Dörfern stattfindenden Abendmärkte mit lokalen Spezialitäten und Tanz, Carcassonne am Abend und einfach generell die wunderbare, touristisch noch nicht entdeckte Landschaft der Ariège mit sanften Hügeln, hohen Bergen und gemütlichen Dörfchen. Es gibt für uns noch viel zu entdecken.

Die Franzosen haben uns mit ihrer hilfsbereiten und ruhigen Art schon oft begeistert. Ob in der Bank, an der Tankstelle oder im Geschäft, sehr häufig wurde uns schon Hilfe angeboten, wenn wir einen ratlosen Eindruck machten. Im Supermarkt lieben wir die ‚Plauderkasse', die es hier anstelle von einer Schnellkasse gibt.

Und auch einen Tischtennisverein habe ich nach längerem Anlauf endlich gefunden. Trotz sprachlicher Hindernisse bin ich dort mit offenen Armen empfangen worden. Hier endlich waschechte Franzosen besser kennenzulernen, war und ist eine tolle Erfahrung. Meine besten Bekannten waren bis dahin schließlich die Verkäufer vom Brico-Marche, unserem Baumarkt.

Die Bürokratie ist natürlich auch bei uns ein treuer Begleiter und es ist immer wieder schön, wenn man einen Stapel Papier erledigt hat. Trotzdem ist das alles machbar und es gibt auch hierfür gute oft deutsch- oder zumindest englischsprachige Hilfe (deutschsprachiger Steuerberater, Zentrum für europäischen Verbraucherschutz – www.cec-zev.eu), die das Ganze doch enorm erleichtert.

Rückwirkend betrachtet haben wir in unserem ersten Jahr hier schon viel geschafft und sind trotzdem erst am Anfang unserer Frankreich-Mission. Wir sind auf jeden Fall riesig gespannt, was in Zukunft noch so alles passieren wird. Ideen, Pläne und Träume haben wir genug. On verra – wir werden sehen!

Christine und Thomas, www.cousteno.fr

Casy Dinsing

Seit 2021 im Départment Lot-et-Garonne (47)

„Juchu, wir ziehen ins Ausland!" oder eher „Oh Gott, machen wir das wirklich?"

Beide Varianten des Ausrufes – ob euphorisch oder unsicher – und alles dazwischen erleben Auswanderer überall, die einen sind getragen von der Euphorie des Neuanfangs und Aufbruchs, die anderen eher von einer prosaischen Haltung geprägt. Und wer auswandert, braucht beides. Die Lust und Freude am Abenteuer genauso wie einen optimistischen Realitätssinn. Und vor allem letzterer ist oftmals entscheidend für das Gelingen einer Auswanderung, auch gerade von Deutschland nach Frankreich. Der im Urlaub so wunderbare Kulturunterschied ist im Alltag nicht zu unterschätzen, vor allem, wenn alles Vertraute auf einen Schlag Hunderte oder sogar Tausende Kilometer entfernt ist.

Mit diesem Kapitel möchte Ihnen Mut machen zum Auswandern. Denn auch ich habe diesen Schritt mit meinem Partner gewagt. Wir leben seit 2021 in Frankreich, südwestlich von Bordeaux, im Département Lot-et-Garonne an der Grenze zu Gironde auf einem kleinen Hof, gemeinsam mit unseren vier Pferden. Wir sind beide beruflich selbständig, ich als Coach, er als Musiker.

Also putzen wir mal die rosa Brille und werfen einen klaren Blick auf mögliche Fallstricke. Und zwar weniger die äußeren – wie Jobsuche, Wohnungssuche, Behördendschungel – als vor allem die inneren Saboteure, unsere Haltung, unsere Bewertung, unser Durchhaltevermögen, unser Umgang mit Krisen, die Herausforderung der kulturellen Verschiedenheit und manches mehr. All diese Dinge können das Auswandern leichter oder schwerer machen und deshalb lohnt eine genauere Betrachtung der eigenen inneren „Beschaffenheit".

Wenn Sie ernsthaft mit dem Gedanken spielen auszuwandern, dann werfen Sie einen ehrlichen Blick auf all die Themen, die Ihnen auch jetzt schon am ehesten Probleme machen. Themen, die Sie am meisten nerven oder Ihre Gemütsruhe herausfordern. Denn all diese Themen nehmen Sie sehr wahrscheinlich mit in Ihr „Abenteuer Auswandern"! Und wenn Sie schon dabei sind, schauen Sie auch auf all das, was Ihnen Kraft gibt und Ihre Nerven stärkt. Das brauchen Sie nämlich vielleicht auch ;-)

Typische Themen, die mir bei auswandernden Klient:innen begegnen, und die ich abklopfe, sind:

Geld: Wie gehen Sie mit finanzieller Unsicherheit um? Sprich: Wie stark ist das eigene finanzielle Sicherheitsbedürfnis ausgeprägt und wie können Sie dem Rechnung tragen?

Liebe, Familie und soziales Netz: Wie tragfähig ist Ihre Beziehung (wenn Sie eine haben)? Welche Stresstests hält sie aus? Wie viele „nährende" Beziehungen brauchen Sie? Und kommen Sie damit klar, Mitglieder der Familie länger oder lang nicht zu sehen und wie gehen Sie damit um, wenn der Kontakt zu Freunden vielleicht einschläft? Sind Sie der „Heimweh-Typ"?

Stress-Resistenz: Wie gesund, kräftig und stressresilient sind Sie zurzeit? Wie gut können Sie mit Herausforderungen umgehen und sich auf Neues einlassen? Wie gut können Sie sich spontan auf Veränderungen einstellen? Wie hoch ist Ihre Frustrationstoleranz?

Worst-Case-Szenario: Was darf auf keinen Fall passieren und wenn es passieren sollte, wie können Sie damit umgehen?

Und schließlich die vielleicht schon etwas philosophische Frage, die ich meinen Klient:innen immer stelle: Laufen Sie mit dem Auswandern vor etwas weg oder auf etwas zu? Was also steht im Vordergrund: Das Warum oder das Wozu?

Die wichtigste Frage zuerst:

Warum und wozu wollen Sie auswandern? Und warum ausgerechnet nach Frankreich? Mal abgesehen davon, dass Sie vielleicht der Job hierher verschlagen hat. In Frankreich leben etwa 80 000 Deutsche und rund 67 Millionen Franzosen. Sie werden also nicht wie beispielsweise auf Mallorca an jeder Ecke auf deutschsprachige Menschen treffen. Wer nach Frankreich zieht, sollte Lust auf die französische Kultur haben, eine deutsche Parallelgesellschaft gibt es nicht.

Was lieben Sie an Frankreich? Die Regionen und Kulturen sind in Frankreich sehr unterschiedlich. Das wissen selbst die Franzosen, was sie in dem wunderbaren Film „Bienvenue chez les Ch'tis" (Willkommen bei den Sch'ties) verewigt haben. Wer noch keine klare Entscheidung getroffen hat, wo genau in Frankreich es hingehen soll, der nutze die Chance, sich mit den verschiedenen Regionen vertraut zu machen, der eine oder andere Wochenend-Trip eignet sich gut dafür. Und es lässt sich auch gut beispielsweise mit Immobilien-Besichtigungen verbinden.

Da das Ferienhaus meiner Familie im Süden an der Atlantikküste gelegen war, war ich voll und ganz auf diese Gegend „geprägt". Ich liebe die endlosen Pinienwälder, die Mimosen und das eher raue Meer. Und trotzdem dachte ich erst, dass es vielleicht die Bretagne würde, denn diese Region war mir durch viele Bücher und Filme sehr präsent, und so dachte ich mir, dass das vielleicht besser wäre. Mehrere Rundreisen und Househuntings (Hausbesichtigungen) später war aber klar: Nein. Es muss die Region meiner Kindheit sein.

Viele Menschen kennen ihr „Warum“ ganz gut, es macht Sinn, sich auch mit dem „Wozu“ auseinanderzusetzen. Was erhoffen Sie sich vom Auswandern? Welche Wünsche, Träume oder Ideen sollen dadurch verwirklicht werden? Und was werden Sie tun, um das zu erreichen, vor allem, wenn es vielleicht nicht so glatt läuft, wie Sie es sich erhoffen? Mit welchem Ziel werden Sie sich motivieren? Was wird Ihnen Kraft geben?

Im Folgenden ein paar Hinweise zu den üblichen Stolpersteinen:

1. Geld & Sicherheit

Geld und vor allem schwindendes Geld ist für viele Menschen ein hoher Stressfaktor, denn Geld steht bei vielen Menschen auch für das Thema Sicherheit und die deutsche Mentalität ist tendenziell ziemlich sicherheitsbedürftig geprägt. Auswandern ist da oft erst einmal mit hohen Kosten verbunden, sei es durch den Umzug, mögliche Renovierungen im neuen Heim, deutlich erhöhte Reisekosten, weil man vielleicht doch noch öfters nach Deutschland pendelt usw. Die Lebenshaltungskosten in Frankreich sind höher als in Deutschland. Das gilt vor allem in den Städten bei den Mieten, die gut und gerne 30-50 % Prozent über dem deutschen Niveau liegen. Auch wenn Baguette und Croissant günstiger (und mit Sicherheit leckerer!) sind, gilt das für die meisten anderen Lebensmittel aber nicht (In Paris sind Lebensmittel im Schnitt 50 % teurer als in Berlin, auf dem Land etwa 25 %.) und es gibt nicht an jeder Ecke einen Discounter, wie man es aus Deutschland kennt. In den Großstädten oder den touristischen Gegenden sind die Preise in der Regel höher als in den ländlichen Gebieten, in denen muss man dafür aber mit teilweise erheblich höheren Fahrtkosten rechnen, denn die Infrastruktur auf dem Land ist in vielen Gebieten nur sehr spärlich ausgebaut. Und wenn Dinge des täglichen Bedarfs vielleicht schon deutlich mehr Geld verschlingen als kalkuliert, kann es an anderer Stelle fehlen und zu Stress führen.

Es macht also Sinn, vor dem Auswandern eine nüchterne Bilanz zu erstellen, darüber, wie viel Geld für was vorhanden ist, in welcher Reihenfolge Geld für was ausgegeben werden kann und wie man mit der Angst umgehen kann, wenn das Geld knapp wird. Vor allem in Beziehungen ist Streit ums Geld oft auch ein Stellvertreterstreit um die Themen Sicherheit und Verantwortungsbewusstsein. Wer sich das bewusst macht, kann schneller gegensteuern und (gemeinsam als Paar) nach Lösungen suchen. Und Geld schwindet immer dann schneller als erwartet, wenn man die Sache, um die es geht, unbedingt machen möchte und sich deshalb vielleicht die Kalkulation ein klitzekleines bisschen schön rechnet, damit es passt ;-).

Fühlen Sie in sich hinein, wie viel Geld Sie „auf der hohen Kante" haben müssen, um sich sicher zu fühlen. Im Fernsehen verfolgen wir seit Jahren die Auswanderer bei „Goodbye Deutschland" und manchmal amüsieren wir uns auch über Menschen, die so ohne jeden Plan, aber mit reichlich Sonne im Herzen losziehen gen Süden und deren Träume und Beziehungen irgendwann am Stress vor Ort zerbrechen, weil es eben doch anders ist als gedacht. Und ganz oft sind die Themen „Geld & Arbeit" zentral dabei. Es hängt sicherlich auch davon ab, ob sich jemand selbständig in Frankreich macht oder dort in ein Angestelltenverhältnis geht oder aus Deutschland beruflich entsandt wird. Wer mit Hauptwohnsitz in Frankreich leben möchte und nicht erwerbstätig ist, muss allerdings in den ersten fünf Jahren auf Nachfrage nachweisen können, dass er über ausreichend finanzielle Mittel verfügt, um dem französischen Staat nicht auf der Tasche zu liegen.

Wer sein Geld durch Arbeiten in Frankreich verdienen möchte, wird in der Regel auch Arbeit finden. ABER: Der große Gatekeeper (Türöffner) ist die Sprache. Wer darauf angewiesen ist, in Frankreich sein Geld zu verdienen (also eben nicht z. B. remote auf Deutsch arbeitet), der muss über solide Sprachkenntnisse verfügen. Franzosen sind hilfsbereite Menschen, wenn sie merken, dass man sich als Ausländer ordentlich Mühe gibt. Wer aber meint, mit Englisch punkten zu können, hat die Rechnung ohne die französische Mentalität gemacht. Und das gilt für alle Bereiche des Lebens.

2. Liebe, Familie und soziale Netzwerke

Wenn Sie als Paar auswandern, dann sprechen Sie miteinander offen über das, was bei Ihnen zu Stress führt, worüber Sie sich sorgen, was Ihnen vielleicht sogar Angst macht, und zwar in Bezug auf die Belastbarkeit Ihrer Beziehung. Gibt es Themen, bei denen Sie regelmäßig oder häufiger aneinander geraten, dann sind das die Themen, die Sie VOR der Auswanderung versuchen sollten zu klären – aus dem einfachen Grund, dass das Auswandern an sich schon enormes Stresspotenzial bietet, da sollten so viele Stressoren wie möglich vorher entschärft werden.

Neben dem Geld können auch nährende oder fehlende Beziehungen (sprich Einsamkeit) eine große Rolle spielen. Horchen Sie mal in sich rein, welche Nähe oder Distanz zu den deutschen Wurzeln für Sie wichtig ist. Wenn man das Land wechselt, verspricht man sich und den Freunden und der Familie, miteinander in Kontakt zu bleiben, telefonisch, virtuell und dass man sich natürlich besucht. Die Erfahrung vieler Auswanderer zeigt, dass sich der deutsche Freundeskreis in der Regel dennoch deutlich reduziert und zwar schneller als gedacht. Dass die angekündigten Besuche doch nicht erfolgen und dass die verabredeten Zoom- oder Facetime-Calls relativ schnell weniger werden. Aus den Augen, aus dem Sinn – das erleben viele und dahinter steckt keine böse Absicht. Man ist eben nicht mehr vor Ort spontan greifbar, nicht mehr sichtbarer Teil des Alltags.

Sich darauf einzustellen, ist vor allem dann wichtig, wenn man viele nährende, also positive, unterstützende Beziehungen in seinem Leben braucht, um sich wohlzufühlen. Und es bedeutet, im neuen Land aktiv auf andere zuzugehen. Wenn man in Frankreich arbeitet, Kinder in der Schule hat etc., ist es oft etwas einfacher, weil sich natürliche Anknüpfungspunkte ergeben, sofern man die Sprache halbwegs beherrscht und nicht allzu schüchtern ist. Ist das nicht der Fall, macht es sehr viel Sinn, vor Ort Kontakt zu örtlichen Vereinen aufzunehmen, wovon die Franzosen reichlich haben, sei es der typische Dorfverein oder Interessenverbände. Dazu wiederum gehören oft etwas Mut und Selbstbewusstsein, denn so höflich-herzlich die Franzosen im täglichen Umgang auch sind, es dauert lange, bis man wirklich angenommen oder integriert wird.

3. Stress-Resistenz & Frustrationstoleranz

Ich habe Frankreich in meiner frühen Kindheit kennen und lieben gelernt, durch das Ferienhaus meiner Familie. Und es ist wirklich einfach, sich in Frankreich zu verlieben, in die Natur, die Kultur, die schönen pittoresken Dörfer, die geschichtsträchtigen und lebendigen Großstädte, das Flair, die Straßencafés, die Meere, das Wetter …

Frankreich bietet eine wunderbare Vielfalt, und in Frankreich ticken die Uhren und Menschen eben anders als in Deutschland. Und was wir im Urlaub als herrliche Entspanntheit erleben, kann im Alltag ein enormes Stresspotenzial besitzen.

Was für ein Typ Mensch sind Sie? Jemand, der alles gerne gut durchplant und taktet? Der Pläne und Vorhersehbarkeit braucht, um sich wohl und souverän zu fühlen? Der klare Absprachen und Pünktlichkeit schätzt? Der meint, wenn man mit Behörden einmal etwas geklärt hat, ist es auch geklärt?

Wenn all das auf Sie zutrifft, werden Sie in Frankreich ein wunderbares Lernfeld vorfinden, das Ihnen entweder die Chance bietet, Ihre deutsche Prägung etwas „aufzuweichen" oder Sie werden von einem Frust in den nächsten stolpern. Denn wenn Sie meinen, dass die deutsche Bürokratie kompliziert oder schwerfällig ist, dann kennen Sie die französische noch nicht. Wobei, zumindest meiner Erfahrung nach, die französischen Amtsträger oft ein Vielfaches netter sind als ihre deutschen Kolleg:innen, was aber ihre Arbeitsorganisation angeht, eine – hm – ganz andere und für Deutsche oft gewöhnungsbedürftige Vorgehensweise haben. Und, auch das sollte man über die Franzosen wissen: Sie stehen in der Regel nicht auf E-Mails. Sie telefonieren. Wenn Sie hoffen, Probleme per E-Mail lösen zu können – weil man dann so schön mit einem Übersetzungsprogramm arbeiten kann ;-) – werden Sie überrascht sein, wie wenig passiert.

So simple Dinge wie ein Auto anmelden, können problemlos zu einem monatelangen Behördenmarathon werden. Gleiches gilt für die Aufnahme in die Krankenkasse oder andere, oft essenziell wichtige Dinge wie einen Arzt zu finden (der in der Regel auch nur Französisch spricht). All das lässt sich lösen und klappt irgendwann, aber eben in einem anderen Rhythmus und mit einem anderen Aufwand.

Stellen Sie sich darauf ein, dass Sie gerade in Ihrem ersten Jahr in Frankreich deutlich mehr Zeit und Nerven für behördliche und organisatorische Themen aufwenden müssen. Das soll Sie keinesfalls entmutigen, aber rechnen Sie eben nicht mit einem Sprint, sondern eher einem Marathon. Je weniger Sie erwarten, dass irgendetwas mal einfach klappt, umso mehr werden Sie sich freuen, wenn es doch mal so ist. Nehmen Sie es als Training in Frustrationstoleranz ;-).

4. Worst-Case-Szenario

Man kann sich sicherlich nicht auf alle Unwägbarkeiten vorbereiten. Wer hätte noch vor ein paar Jahren ernsthaft gedacht, dass ein Virus unser Leben komplett umkrempeln wird. Und es geht bei der Frage nach dem Worst-Case-Szenario auch gar nicht darum, dass Sie sich die schlimmstmögliche Katastrophe ausmalen und Ihnen das die Freude an Ihrem Traum vom Auswandern vergällt. Vielmehr ist es eine Trockenübung für Ihre Selbstwirksamkeit. Denn Ihre Selbstwirksamkeit ist Ihre stärkste Waffe gegen alles, was das Leben an Überraschungen bereithält, es ist das Vertrauen in die eigenen Fähigkeiten und Kompetenzen.

Was also darf auf keinen Fall passieren und wenn es passieren sollte, wie können Sie damit umgehen? Welche Lösungsansätze sind denkbar? Wessen Hilfe brauchen Sie? Welche Kompetenzen müssen Sie vielleicht noch erwerben?

Ich persönlich bin ein abenteuerlustiger Mensch. Ich mag Herausforderungen. Aber sehenden Auges. Ich habe mir meine top drei Sorgen genommen und bei jeder überlegt, wie ich bei Eintreten die Folgen abfedern könnte und welche Alternativen ich habe. Meine zwei Haupt-Themen waren: „Wie verdiene ich sicher genug Geld?“ oder „Was mache ich in einem Notfall und mein Französisch ist aber zu schlecht, um jemanden anzurufen?“

Und natürlich kann man solche Themen nicht im Detail im Vorfeld klären, aber wenn ich mir diese Fragen stelle, kann ich davon ableiten, worum ich mich neben dem Alltag prioritär kümmern muss, damit ich mich sicher fühle und mir nicht nachts Sorgen und Katastrophengedanken den Schlaf und damit die Kraft rauben.

Auswandern macht mehr Spaß, wenn man auf die wichtigsten Fragen eine grobe, machbare Antwort hat.

Resümee

„Dem Mutigen gehört die Welt“. Das hat einst Theodor Fontane gesagt. Aber wo ist der Unterschied zwischen Mut, Leichtsinn und Tollkühnheit? Wer auswandert, braucht Mut, vielleicht auch hier und da eine Prise Tollkühnheit, blinder Leichtsinn hingegen kann dem Erfolg des Projektes schaden. Denn der Leichtsinn verdrängt mögliche Risiken und Gefahren und das kann zu unnötigem Stress führen. Mut hingegen bedeutet, sich alle Fakten und Unwägbarkeiten genau anzusehen und sich dann für oder auch gegen den Schritt zu entscheiden. Und die Tollkühnheit ist das Zünglein an der Waage.

Aus meiner Sicht als Coach würde ich Fontane noch gern ergänzen wollen: „Dem Selbstwirksamen gehört die Welt“. Denn wer ein gesundes Vertrauen in sich und seine Fähigkeiten hat, wird meistens einen Weg finden, die Probleme und Herausforderungen, die sich ihm oder ihr in den Weg stellen, zu meistern. Wenn Ihr Lebenstraum das Auswandern nach Frankreich ist und Sie bereit sind, Ihren Traum mutig und aktiv wahr werden zu lassen, dann los!

Casy M. Dinsing www.bettercallcasy.de

Ratgeberteil

Was man so wissen sollte

Umzug nach Frankreich, aber wie? Hier geben wir Ihnen verschiedene Tipps und Ratschläge für einen gelungenen Neustart.

Sie haben einen gültigen Personalausweis oder Reisepass? Na, dann los!

Visum? Brauchen Sie als Europäer nicht.

Carte de séjour? Eine Art Aufenthaltsberechtigungsausweis, der ein zeitlich beschränktes Aufenthaltsrecht gibt. Braucht man auch nicht, wird aber manchmal von der französischen Verwaltung (zu Unrecht) nachgefragt. Es kann also nützlich sein, wenn man eine hat, zu beantragen bei der Präfektur.

Bankkonto? Erster Schritt zum Leben wie Gott in Frankreich. Onlinebanking ist deutlich billiger, es lohnt sich im Internet zu vergleichen. Beginnen Sie mit connexion-emploi.com, dort gibt es gute Hinweise. In Frankreich bezahlt man vorwiegend mit der Kreditkarte oder teilweise noch mit Schecks. Es gibt (Online-)Bankkonten, die man ziemlich unkompliziert und ohne Einkommensnachweis in den Tabakläden eröffnen kann, z.B. „Nickel". Aber Achtung, für die Eröffnung brauchen Sie oft eine französische Mobilfunk-Nummer.

Meldepflicht? Gibt es in Frankreich nicht. Bei Bedarf eines Wohnsitznachweises genügt eine aktuelle Strom-, Wasser- oder Telefonrechnung. Die Mairie (Rathaus) gibt auf Nachfrage auch gerne eine Attestation, eine Bestätigung, dass Sie an Ihrer Adresse wohnhaft sind. Am besten die Attestation schon selbst vorfertigen, so dass die Sekretärin nur noch mit Stempel und Unterschrift bestätigen muss.

Auto ummelden? Geht in Frankreich in der Regel online. Hier die Webseite www.ants.gouv.fr/demarches-en-ligne/echanger-un-permis. Oder man beauftragt eine Agentur bzw. eine Werkstatt. Adressen erfährt man auch über die Werkstätten, die die „contrôle technique" (TÜV) durchführen. Hierzu gibt's weitere Informationen bei den Facebook-Gruppen. Noch ein Tipp fürs Autofahren – Geschwindigkeit beachten lohnt sich. Ein Überschreiten der Geschwindigkeit wird teuer und es gibt gleichzeitig einen Punkt Abzug. In Frankreich wird nämlich rückwärts gezählt. Jeder hat 12 Punkte und bekommt je nach Schwere des Strafzettels Punkte abgezogen, sofern Sie einen französischen Führerschein haben.

Wohnsitzsteuer? Die „taxe d'habitation" gibt es so nicht in Deutschland und wird für den ersten oder zweiten Wohnsitz bezahlt. Unter dem Präsidenten Macron ist diese Steuerpflicht stark reduziert worden und soll zum Jahr 2023 für den ersten Wohnsitz abgeschafft werden.

Grundsteuer? Die „taxe foncière" ist vom Eigentümer für jede bewohnbare Immobilie in Frankreich zu bezahlen, unabhängig davon, ob sie tatsächlich bewohnt ist. Die Höhe variiert stark je nach Kommune. Sie wird unterteilt nach „taxe foncière bâti" (auf Gebäude) und non-bâti (Land). Es gibt Befreiungsmöglichkeiten von der „taxe foncière", deren Darstellung hier zu weit führen würde, sie sind sehr eng begrenzt.

Krankenkasse / Gesundheitssystem? Die Krankenkassenkarte, „carte vitale" wird bei der „assurance maladie" beantragt. Das kann lange dauern, wir wünschen Ihnen viel Glück und Geduld. Da die gesetzliche Krankenkasse nicht alles zu 100 % erstattet, ist es ratsam, eine private Zusatzversicherung (mutuelle) abzuschließen. Hierzu gibt es eine unübersehbare Anzahl von Anbietern und Vergleichsportalen im Internet, nur auf Französisch.

Wichtige Informationen hierzu: www.connexion-emploi.com

Es gibt umfangreiche Informationen zum französischen Gesundheitssystem auf Englisch: www.french-property.com/news/french_health – www.ameli.fr/assure/english-pages. Ameli, also die staatliche Krankenversicherung online (assurance maladie en ligne), bietet auch eine englisch-sprachige Hotline an, Tel +33.(0)9.74.75.36.46.

Und auf Französisch: www.nos-services.com ist die Webseite der CPAM (caisse primaire assurance maladie). Hier finden Sie Informationen zu fast allen Bereichen des Lebens in Frankreich, seinen Verwaltungsangelegenheiten und ihrer Erledigung im Internet einschließlich Gesundheitsvorsorge, Simulatoren für Berechnungen möglicher Leistungen, Steuerverminderungen, Arbeitslosengeld, Nettogehalt, etc. ebenso wie Modellbriefe für alle möglichen Lebenslagen. –

www.securite-sociale.fr: Hier gibt es Informationen über das Sozialversicherungssystem und unter der Rubrik „Europe et international" Informationen über die verschiedenen Akteure (wer macht was), über europäische Regelungen und bilaterale Abkommen.

Sozialleistungen z. B. Mietzuschüsse oder Kindergeld können bei der caf.fr (caisse allocations familial) beantragt werden.

Rente im Ausland? Ansprechpartner & Verbindungsstellen | Deutsche Rentenversicherung (deutsche-rentenversicherung.de). Das deutsche Generalkonsulat in Bordeaux bietet Beratungstage und eine sehr gut gemachte Webseite an. www.auswaertiges-amt.de

Arbeiten in Frankreich? – Die erste Anlaufstelle kann das Arbeitsamt sein „pôle emploi". Aber auch verschiedene Portale im Internet wie z. B. „indeed.fr" helfen bei der Sichtung der Jobangebote. Ganz ausführliche Informationen bekommt man auch über die Webseite „infobest.eu" z. B. was ist ein CDI – unbefristeter Vertrag – oder ein CDD – befristeter Vertrag. Diese Seite ist sowohl auf Deutsch als auch auf Französisch und wirklich empfehlenswert. In Frankreich beträgt die „normale" wöchentliche Arbeitszeit 35 Stunden pro Woche. Natürlich kann man sich in Frankreich auch selbstständig machen. Dazu gibt es genaue Infos auf der Seite connexion-emploi.com. 5 Tipps zur Selbstständigkeit in Frankreich (ebenfalls auf Deutsch)

Immobilie kaufen? Angebote findet man im Internet, beim Makler vor Ort, aber auch bei Notaren und Banken. Zu den meistbesuchten Seiten für

Immobilien zählen: leboncoin.fr, seloger.fr, pap.fr. logicimmo.fr oder überörtliche Maklerketten.

Bei Kaufinteresse gibt man ein schriftliches Angebot ab. Entspricht das Angebot dem Kaufpreis, muss der Verkäufer es annehmen. Als nächstes schließt man beim Makler oder beim Notar (kann irgendwo in Frankreich sein) einen „compromis de vente“ (Vorvertrag) ab. Nach der nur dem Käufer eingeräumten Widerrufsfrist von 10 Tagen ist dieser bindend. Erst danach wird der endgültige Kaufvertrag (acte de vente) bei einem Notar geschlossen. Erwerbsnebenkosten fallen sowohl für Makler als auch für den Notar an.

Immobilie mieten? Das gestaltet sich oft nicht so einfach. Es werden viele Konditionen vom Vermieter und vor allem von den Agenturen verlangt.

Angebote findet man im Internet oder beim Makler vor Ort. Empfehlenswert ist anzurufen, bei E-Mail wartet man oft vergeblich auf Antwort.

Der Vermieter verlangt in der Regel einen Arbeitsvertrag (CDI – contract à durée indeterminée), Steuererklärung, Bankbescheinigung (RIB – Relevé d'Identité Bancaire), Fotokopie des Personalausweises und eine Haftpflichtversicherung. Manchmal will er auch einen Bürgen (une caution). Eine „staatliche Bürgschaft“ - „Visale“ kann helfen, die man über die Webseite „visale.fr“ (natürlich auch unter gewissen Voraussetzungen und mit guten Französischkenntnissen – die Seite ist auf Französisch) beantragen kann. Übrigens ist es in Frankreich für den Vermieter nicht erlaubt, im Winter zu kündigen.

Zu allen Fragen rund ums Wohnen: www.anil.org oder www.adil.org. ANIL ist die Agence nationale pour l'information sur le logement, also die Nationale Wohnungsagentur. Hier finden Sie auf Französisch viele nützliche Informationen und praktische Hinweise für Mieter, Eigentümer, Simulatoren für Kredite, Erwerbsnebenkosten, Mieterhöhungen, Mietobjekte als Investition und vieles mehr.

Schule? Die lieben Kleinen möchten in die Schule gehen? Auch in Frankreich herrscht Schulpflicht. Die Schule beginnt hier sehr viel früher, bereits mit 3 Jahren besuchen die Kinder die „école maternelle“, die dauert drei Jahre, danach folgt die „école primaire“ für fünf Jahre. Bezeichnungen der Klassen CP – cours préparatoire, CE1 und CE2 – cours élémentaire, CM1 und CM2 – cours moyen. Ab elf Jahren geht's für alle ins „collège“, hier werden die Klassenjahrgänge rückwärts gezählt: Die Eingangsklasse ist die 6., dann 5., 4. und 3. Klasse. Erst danach entscheidet sich der weitere Weg, je nachdem wohin die Reise gehen soll. Es gibt das „Lycée“ (Gymnasium) mit dem Abschluss – bac général, das Lycée professionelle (Berufsgymnasium) mit dem Abschluss – bac professionel oder der Schüler entscheidet sich sofort für einen Beruf. Er muss dann einmal im Monat für eine Woche in die Berufsschule – CFA (centre de formation pour adulte).

Die Schule findet ganztags statt, mit Mittagessen in der Schulkantine. Allerdings kann man sich jedes Schuljahr neu entscheiden, ob man die Kinder zum Mittagessen lieber nach Hause holt.

Eine fast unüberschaubare Menge von verschiedenen Ausbildungswegen machen in Frankreich die Wahl zur Qual.

Kinderbetreuung? Da die französischen Mütter bereits kurz nach der Geburt wieder in den Beruf einsteigen, gibt es zahlreiche Möglichkeiten, die Kinder von Tagesmüttern (Nounou) oder in Kinderkrippen (la crèche) betreuen zu lassen.

Sprache: Um sich zu integrieren, sollte man natürlich die Sprache lernen. Ohne bleibt man immer ein Außenseiter und verpasst auch vieles. Ideen fürs Lernen gab es schon in den einzelnen Beiträgen. Es gibt auch einige gute Übersetzungsprogramme. Hier zwei Beispiele – www.deepl.com oder www.reverso.net

Neben einigen privaten und teureren Sprachschulen gibt es auch die Möglichkeit, unter gewissen Voraussetzungen über "pôle emploi" (französisches Arbeitsamt) einen Sprachkurs zu absolvieren.

Wo kann ich mich sonst noch informieren?

Blog: MeinFrankreich.com – mit vielen Beiträgen zur Gastronomie, einzelne Regionen werden vorgestellt, Buchtipps, aber auch Aktuelles aus Politik. Es gibt ebenso einen sehr informativen, wöchentlichen Newsletter – Herausgeberin Hilke Maunder. Dieser Blog ist sehr zu empfehlen.

service-public.fr – Die offizielle Seite für behördliche Informationen – z. B. Personalausweis, Familienangelegenheiten, Soziales/Gesundheit, Fragen zur Arbeit, Justizangelegenheiten, Auto, Auswandern, ... Die Seite ist immer auf dem neuesten Stand (alles auf Französisch).

www.infobest.eu/de – auch eine Internetseite mit viel Informationen für grenzüberschreitende Fragen. Die Seite ist sowohl in Französisch als auch in Deutsch verfasst. Auch über Fragen zur Steuererklärung können Sie sich hier informieren.

Auskunft zu Steuern gibt auch jedes Finanzamt vor Ort oder Sie können weitere Informationen auf www.impots.gouv.fr erhalten.

Das Rathaus jeder Stadt kann bei vielen Fragen hilfreich sein. Allerdings sollte man Französisch sprechen.

Botschaft – Deutsche Vertretungen in Frankreich – Auswärtiges Amt (auswaertiges-amt.de) – eine wichtige Seite, wenn man seinen Pass verlängern will. Die Botschaften veranstalten auch immer wieder mal einen „Tag der offenen Tür", einfach reinschauen. Auf dieser Seite findet man auch eine Liste von Anwälten(inn)en, Notar(inn)en, Ärzt(inn)en und Übersetzer(innen) in Frankreich.

Raphaelswerk.e.V: Das Raphaelswerk berät Menschen, die Deutschland dauerhaft oder befristet verlassen wollen, aber auch Rückkehrer.

Cec-zev.eu – Zentrum für europäischen Verbraucherschutz e.V. Das ZEV ist ein deutsch-französischer Verein, der Verbrauchern in grenzüberschreitenden und europäischen Angelegenheiten mit Rat und Tat zur Seite steht.

Deutsche-im-Ausland.org – Informationsplattform für Deutsche im Ausland, die Ihnen Informationen für Ihren Auslandaufenthalt gibt und Ihnen vor Ort hilft, mit der größten Datenbank deutschsprachiger Adressen.

www.en.selectra.info: Informationen auf Englisch zu fast allen Lebenslagen in Frankreich vom Stromvertrag bis zum Gesundheitssystem.

Soziale Netzwerke im Internet

Auf Facebook gibt es viele Gruppen, die sehr hilfreich sein können. Man kann Fragen stellen und bekommt in der Regel gute Infos und nutzt so das große Schwarmwissen.

„Deutsche, die in Frankreich leben“ – Admin: Astrid Naudin-Mayer. Sehr kompetente Informationen und Antworten auf die vielseitigen Fragen in Bezug auf Frankreich. Dank dieser Gruppe entstanden unsere monatlichen Online-Treffen und die Idee zu diesem Buch.

„Auswandern nach Frankreich“ – Admin: Manuela Fuchs.

„Leben und Arbeiten in Frankreich“ – Admin: Ute Pantel.

„Francais -allemand“ chaque jour un mot – Jeden Tag ein neues Wort – Admin : Marielle Mahé-Mede.

Messenger Gruppe: Online-Treff „Deutsche, die in Frankreich leben" – Admin: Christel Förstl.

Es gibt noch viele weitere Gruppen auch zu den einzelnen Regionen, einfach stöbern und entdecken.

Wir wünschen viel Mut beim Auswandern! **Bon courage!**

Die Autoren: Kati und Hubert Maassen, Britta Jendricki, Renate Reuter, Stephanie Gietmann-Baar, Julia Kolb, Casy Dinsing, Christine und Thomas Bendlin und die Herausgeberinnen Christine Höffken und Christel Förstl.

Herausgeberprofil Christel Förstl

Christel Förstl wurde Nähe Stuttgart in Baden-Württemberg geboren. Nach dem Pädagogikstudium arbeitete sie zehn Jahre als Grundschullehrerin. Der Liebe wegen zog sie 1988 nach Bayern ins Fünf-Seenland. Dort arbeitete sie weitere vier Jahre als Lehrerin und machte sich dann selbstständig als kinesiologische Lernberaterin. Zusätzlich organisierte sie Kleinmessen für Unternehmerinnen und gab ihr erstes Buch „Einfach machen – ein Praxisbuch für Unternehmerinnen“ 2008 heraus. Doch 2010, nach einem schweren Schicksalsschlag, verwirklichte sie ihren Traum, in Frankreich zu leben. Bald engagierte sie sich in ihrer neuen Heimat ehrenamtlich als Deutschlehrerin im Partnerschaftsverein in Rochefort sur mer. Ihr Talent Menschen zu verbinden, setzt sie auf verschiedenen Ebenen um. Einmal im Partnerschaftsverein, ebenso im Verein „Cap Retraite Océane“ als Chorleiterin und online mit dem monatlichen Online-Treffen „Deutsche, die in Frankreich leben“. Sie lebt nun seit 2018 mit ihrem französischen Partner auf der Halbinsel Fouras im Département Charente-Maritime.

Herausgeberprofil Christine Höffken

Christine Höffken wurde in Nordrhein-Westfalen geboren und lebte dort bis zu ihrem Umzug nach Frankreich im Jahr 2006. Außer Frankreich liebt sie ihre Tiere, Musik und Literatur und ist ihrer Familie und ihren Freunden in Deutschland nach wie vor sehr verbunden. Nach ihrem Jurastudium arbeitete sie einige Jahre als Rechtsanwältin in einer Anwaltssozietät in der Nähe von Wuppertal und später als Oberrechtsrätin in einer großen Stadtverwaltung, ebenfalls in Nordrhein-Westfalen. Seit ihrem Umzug nach Frankreich hat sie ein Reitsportunternehmen gegründet, kam aber auch ihren juristischen Neigungen mit ihrer mehrjährigen Mitgliedschaft im Stadtrat ihrer französischen Heimatgemeinde nach. Sie gibt auch ehrenamtlich Französischkurse für im Ort lebende Engländer. Aktiv ist sie weiterhin als Beraterin für alle Themen rund um Immobilien sowie Hilfestellung beim Umgang mit der französischen Administration, vor allem für andere Einwanderer. Tina lebt mit ihrer Familie in der Nähe von Parthenay, im Département Deux-Sèvres.

Aus dem Verlagsprogramm
www.loewenstern-verlag.de

Jeronym Kuhn
Streben nach Gerechtigkeit

Dieses Buch ist das Vermächtnis eines reifen Lebens sowie eine Sammlung von Denkanstößen, die keinen absoluten Wahrheitsgehalt beanspruchen. Sie sind als Diskussionsbeitrag zu verstehen. Die jüngere Generation hat das Zeug, neue Wege zu gehen, um nicht die alten Fehler zu wiederholen.

ePUB-Ausgabe:	9,99 Euro
Print-Ausgabe:	14,99 Euro

Torben Zahradnicky (Hrsg.)
Main Europa
Prämierte Beiträge des Wettbewerbs
„Hanau schreibt ein Buch“

Kurzgeschichten über die Gegenwart und Zukunft der EU, Gedichte über Krieg und Frieden und das kulturelle Europa. Erfahrungsberichte von dem Traum „Europa“ sowie nach einer Flucht.

ePUB-Ausgabe:	10,00 Euro
Print-Ausgabe:	15,00 Euro

Aus dem Verlagsprogramm
www.loewenstern-verlag.de

Renate Wettach
Mobbing für Fortgeschrittene
Wie Sie Ihr Leben wieder in den Griff bekommen

Betroffene finden in diesem Buch Orientierung und Hilfestellung, damit sie nicht im Gefühlschaos versinken. Jeder kann es lernen, sich „am eigenen Schopf“ aus dem „Sumpf“ zu ziehen!

ePUB-Ausgabe: 12,00 Euro
Print-Ausgabe: 19,99 Euro

Markus Keßler
Luftschlösser ade,
willkommen in Ihrer
Traumgegenwart

Ein Buch aus der Praxis, das leicht verständlich die Geheimnisse eigener und fremder Kommunikationsmuster und Verhaltensweisen aufdeckt und entschlüsselt.

ePUB-Ausgabe: 7,90 Euro
Print-Ausgabe: 9,90 Euro

Hinweis: Der „LöwenStern Verlag“ hieß vor 2018 „Pilgerwege Verlag“.